KB139357

"국민을 이기는
정치는 없다"

그들만의 정치
민주당
OUT

민주당 OUT

초판 1쇄 발행 ｜ 2023년 12월 6일

지은이	황병열
만평	김상돈
펴낸곳	㈜시민일보사
출판등록	2008년 4월 21일
등록번호	제 2013-000055호

편집	김영환
디자인	홍하현
독자관리	전찬옥
주소	서울 영등포구 국회대로 70길 15-1
	(여의도동, 극동브이아이피빌딩
	607 · 608 · 609 · 610 · 611호)
	Tel. (02)3676-2114 ｜ Fax. (02)762-8223
인쇄	유진인쇄
분해 · 출력	유진인쇄

값	10,000원
ISBN	978-89-961223-7-1

"국민을 이기는
정치는 없다"

그들만의 정치
민주당
OUT

"국민을 이기는
정치는 없다"

그들만의 정치

민주당
OUT

축사

前 고려대학교 총장
이 기 수

조국의 '아빠찬스', 박원순-오거돈의 '성비위', 송영길의 '돈봉투', 김남국의 '코인투기', 민형배의 '꼼수탈당', 김의겸의 '가짜뉴스', 김은경의 '노인 비하', 이재명의 '방탄국회'까지.

정당이라면 무릇 국민을 대변하고, 국민의 모범이 돼야 합니다. 그렇지만, 바로 이것이 오늘날 더불어민주당의 추악한 민낯입니다.

이번에 황병열 박사가 민주딩의 흑역사를 직나라하게 파헤치고, 정당의 정도를 제시하기 위해 '민주당 아웃(out)' 이라는 책을 출간했습니다. 대한민국의 정치를 되살리기 위한 과감한 발언에 박수를 보냅니다.

각고의 노력과 치열한 고민 끝에 결실을 맺은 출판을 축하합니다.

이 책이 널리 읽혀서 우리나라 정치가 국민의 지지와 자랑이 되도록 제 길을 찾아 나가길 바랍니다.

농부의 아들, 새로운 도전

심산유곡 농부의 아들로 주경야독(晝耕夜讀) 끝에 세상으로 나왔다.

다른 그 어떤 사람들보다도 열심히 살았고, 정직하게 살아왔다고 감히 자부할 수 있다.

울진 백암산, 칠보산 줄기, 지게가 유일한 운반수단인 계곡의 가난한 농부의 아들로 태어나, 할 수 있는 것이라곤 농사일 돕는 것과 공부밖에 없는 현실에서 성장하였다.

주변 사람들로부터 "지독하다"라는 말을 들으면서 학창 시절을 주경야독한 결과 대학으로 진학할 수 있었다.

하지만 현실은 녹록하지 않았다.

청운의 꿈을 품고 대학에 입학했으나, 여러 가지 면에서 가정 형편은 더 어려워졌고, 순진했던 막내아들은 부모님이 지고 있는 무거운 짐을 조금이라도 덜어드리고자 입대를 결정하고 3사관학교에 진학해 군인의 길을 걷게 되었다.

그런데 그 불가피했던 선택이 나의 성장에 큰 도움이 되었다.

장교로 군 생활을 시작하면서 조직과 공공부문의 시스템에 대해 눈을 뜨게 되었고, 그간 숨겨져 있던 리더십과 조직 관리 능력이 조금씩 밖으로 표출되기 시작한 것이다.

실제로 행정·지휘통솔 능력을 인정받아 장기복무 권유를 수차례 받았다.

군 생활은 제게 행정 실무와 관리, 지휘통솔, 대인관계 유지?발전, 대민(對民) 여론 관리, 위기상황 극복 능력 등을 선물해 주었다.

그러나 공부에 대한 열정을 누를 수 없어 전역을 선택했다.

당시 아들이 있는 가장으로 안정적인 생활에 대한 미련이 없지 않았으나, "공부는 다시 한다"라는 입대 전 나와의 약속을 지키기로 한 것이다.

하지만 가장으로서의 현실은 그 꿈마저 포기하도록 만들었다.

결국, 중퇴하고 취업을 준비했으며, 공공기관(서울 농수

산물 시장공사 보안책임자)에 지원해 1차 합격까지 했으나, 면접 전날, 위독하시다는 어머니 소식을 듣고 임종을 지키기 위해 입사를 포기한 일도 있었다.

이후, 가족을 위해 '청소년회관 과장'이라는 계획에 없던 일에 발을 들여놓게 되었는데, 당시 경험이 청소년 문제와 청소년 교육에 지대한 관심을 지니게 하는 계기가 되었다.

그러던 차에 우연한 기회를 통해 자유민주당 서울 동작을 지구당 청년부장직을 맡게 되면서 '정치'라는 세계에도 눈을 뜨게 되었다. 당시 정당 생활은 그야말로 신세계였다. 역동적이고 창의적이며, 동시에 input과 output이 비례하는 곳이었다. 그 경험이 땀을 쏟은 만큼 성과가 나오는 정직한 세계(사람마다 평가가 다르지만)가 바로 정치계라는 생각을 가지게 된 것이다.

훗날, 대학원 석사 논문을 「국회의원의 당적변경에 관한 연구」로 하게 된 것은 정치에 대한 열정과 진정성을 가졌던 의지의 결과일지도 모른다.

하지만 가족의 생계를 책임진 '가장'의 무게를 견디지 못해 갈등 속에서 정당 활동을 그만두어야 했다.

그 뒤, 공인중개사 사무실과 용역회사 등을 전전하다가, 부실자산관리 회사에 취직해 부실채권 관리에 대한 노하우를 체득하게 됐고, 이때 독자적인 사업 구상까지 하게 됐다.

그 역사는 2012년 12월에 이루어졌다.

드디어 금융기관을 상대로 하는 부실자산관리회사를 창업한 것이다. 어릴 때 익힌 불굴의 의지와 집중력, 군에서 배운 조직관리와 경영 능력, 정당 생활을 통해 이해한 "무에서 유를 창조하기 위한 노력", 그리고 온갖 사회활동이 가르쳐 준 사회 현실과 실물경제. 그런 것들이 전부 융합해 부실자산관리회사의 CEO로서 탁월한 성과를 낼 수 있었다.

물론, 처음부터 승승장구한 것이 아니었다. 말이 최고경영자이지 실제 활동은 말단 직원의 잡무부터 영업사원의 영역까지 하지 않은 일이 없었다. 그만큼 어려움도 많았고, 중도에 '포기'의 유혹도 만만찮았다. 그러나 유년 시절부터 경험한 온갖 역경은 저의 '방패'요, '친구'이며, '스승'이 되어 주었다.

결국, 회사는 5개의 본사와 지사(서울본사, 부산?대구?대전?광주)에 100여 명 내외의 임직원으로 똘똘 뭉친 중견기업으로 성장·발전하게 되었다.

그래서 다시 시작했다.

사업이 안정화 단계에 접어든 후 다시 공부를 시작한 것이다. 사업과 학업의 병행은 '고생'이라기보다는 희열에 가까웠다. 이때의 열정은 제 인생 전체를 통틀어 가장 뜨거웠고 강렬했다.

박사학위 취득 후 대학 강단에서 겸임교수로서「청소년

문제와 보호」, 「청소년 복지」를 강의하면서 다시 시작하기를 잘했다는 생각을 수없이 할 정도였다.

흔히들 청소년을 국가의 미래라고 표현하지만, 정작 청소년들과 나란히 서서 그들이 현재 바라보는 곳을 함께 봐주는 기성세대나 기관들이 별로 없다는 점을 인식하면서 지금 내가 하는 일이 장차 이 나라를, 우리 사회를, 한 가정을 어떻게 변모시킬지 모르기에, 청소년 문제와 함께 하는 매 순간이 긴장되는 한편 행복한 삶이라 생각했다.

이런 경험을 바탕으로 새로운 도전을 모색하고 있다.

젊었을 때 경험했던 '정치' 영역에서 새 꿈을 펼쳐보겠다는 생각을 하게 된 것이다.

특히 80년대 20대 시절 의정부 양주 관할 지역의 26사단 (불무리부대) 초급장교로 근무하면서 당시에 의정부를 포함한 경기북부 군사 접경지역 주민들이 개인 재산권 행사에 사전 군부대 동의라는 규제 속에서 사유재산 침해가 이루어지는 현실을 보면서 안타까운 생각이 들었다.

그러다 수년이 지나 다시 경기북지역인 대학교에서 강의하면서 이 지역의 규제가 여전하다는 것을 알고 지역에 계시는 분들과 '경기북부특별자치도 추진위원회'라는 순수 시민단체를 만들었다.

2023년 7월 7일 창립대회를 열었고, '규제완화와 지역 균형발전'이라는 지역사회의 문제에 본격으로 활동하게 되었다.

그러다 보니 자연스럽게 정치 영역에 눈을 돌리게 되었고, 그래서 들여다본 정치현장은 너무나 안타까웠다.

특히 민주당의 '흑역사'가 가슴을 아프게 했다.

이런 정치를 해서는 안 된다는 생각에서 민주당이 어떤 잘못된 길을 걸어왔는지 살펴보고 회초리를 들게 되었다.

이 회초리는 민주당을 향한 매질인 동시에 정치를 시작하는 깨끗한 정치를 하겠다는 필자의 굳은 의지이기도 하다.

이 한 권의 책이 세상에 빛을 보기까지 묵묵히 옆에서 지켜봐 준 사랑하는 가족들에게 감사를 전하며, 특히 바쁜 시간에도 기꺼이 감수해준 시민일보 주필 고하승 선배께도 감사를 전하는 바이다.

특히 시원한 만평으로 독자의 시선을 사로잡게 해주신 경민대 교수 김상돈 화백께도 감사 인사를 전한다.

2023년 12월 6일

황병열

"이런 정치를 해서는 안 된다는 생각에서 민주당이 어떤 잘못된 길을 걸어왔는지 살펴보고 회초리를 들게 되었다. 이 회초리는 민주당을 향한 매질인 동시에 정치를 시작하는 깨끗한 정치를 하겠다는 필자의 굳은 의지이기도 하다"

그들만의 정치

민주당 OUT

차례

"조국 전 장관이 출마하겠다면 현재로선 막을 방도가 없다.

문제는 그로 인해 국민이 상처를 입게 된다는 점이다. 이른바 '조국 사태'는 '아빠 찬스'를 자녀에게 줄 수 없는 대다수 가장에게 눈물을 안겨주었다.

공정기회를 얻지 못했다고 생각하는 많은 청년에게는 절망을 맛보게 했다. 그런 그가 출마한다면 잠시 잊었다고 생각했던 분노가 치밀어 오를 것은 불 보듯 빤하다"

제1장

조국의 '아빠찬스'

조국의 '아빠찬스'

후안무치(厚顔無恥)란 '낯가죽이 두꺼워 부끄러움이 없다'라는 뜻이다.

이는 2019년 8월 9일 조국이 대한민국 법무부 장관 후보로 지명된 이후 제기된 논란, 이른바 '조국 사태'를 바라보는 국민이 조국과 그의 일가족에 대해 내린 평가다.

대체 당시 무슨 일이 있었던 것일까?

조국 사태의 기폭제로 평가되는 사건은 바로 그의 딸 조민의 '논문 제1저자 등재' 사건이다.

동아일보가 2019년 8월 20일 단독 보도를 통해 세상에 알렸다.

보도에 따르면, 조국의 딸 조민은 한영외고 재학 시절에 SCIE 등재지인 대한병리학회지에 실린 의학 논문에 제1저자로 등재되고, 이를 고려대학교 수시전형 자기소개서에 기재한 것으로 드러났다.

조민은 부친의 유학 시절인 2005~2006년에 미국에서 학교 다니다가 귀국, 2007년에 한영외고에 입학했다. 그리고 2007년 단국대학교 의과대학 의과학연구소에서 2주 정도 인턴 활동을 하면서 관련 실험에 참여했다. 이 연구 결과는 정리되어 2008년 12월 대한병리학회지(The Korean Journal of Pathology)에 제출되었고, 2009년 3월 심사를 통과하여 2009년 8월호에 게재되었다.

하지만 "2주 동안 참여한 고등학생이 전문적 수준의 의학 논문 제1 저자로 올라갔다"라는 사실이 알려지면서 논란이 일기 시작하였다.

물론 고등학생이 노력해서 학회지에 논문을 싣는 것이 불가능한 일은 아니지만, 이 논문은 SCIE에 등재된 영문 의학 논문이기에 흔한 학회지 논문과는 차원이 다르다.

비전공자인 고등학생이 2주 동안 참여해서 제1저자가 될 만큼 기여 한다는 것이 현실적으로 절대 불가능하다고 한다.

결국, 논문이 실린 병리학회지는 2013년에 SCIE 등재 학술지에서 탈락하고 말았다.

하지만 이것으로 사건이 끝난 게 아니다. 이는 사건의 시작에 불과하였다.

실제로 이런 사실이 알려지자 부정입학 의혹이 제기되었고, 급기야 보수단체는 조국과 조국의 딸에 대해 업무방해로 고발하기에 이르렀다.

조민의 장학금을 둘러싼 의혹도 제기되었다.

조국 딸이 2014년 2월 고려대 환경생태공학부를 졸업한 직후인 3월 서울대학교 환경대학원에 입학하면서 서울대 총동창회가 운영하는 장학 재단 '관악회'로부터 학기당 401만원씩 2회에 걸쳐 장학금을 받았다.

그런데 장학금 신청이나 추천이 없었다는 주장이 나왔다. 한마디로 대학에서 알아서 그에게 장학금을 주었다는 것이다.

조국의 딸이 부산대학교 의학전문대학원에서 성적 부진으로 인하여 유급을 당했음에도 6학기 연속으로 200만원씩 총 1200만원의 장학금을 받은 것이 밝혀지기도 하였다.

동양대 표창장 위조 문제도 불거졌다.

동양대학교 총장은 "조민에게 표창장을 준 적이 없다", "봉사활동하는 것을 본 적도 없다", "일련번호나 박사학위 표기 형식이 다르다"라는 등의 발언을 했다.

조국 딸이 부산대학교 의전원에 제출한 동양대학교 표창장이 "위조된 것이 아니냐"라는 의혹이 제기된 것이다.

이에 대해 조국은 "민정수석으로 있을 때 재정지원과 관련하여 청탁을 거절한 것으로 악의를 가지고 말하고 있다"라고 반박하였다.

그러자 동양대학교 전,현직 관계자들이 마치 약속이라도 한 듯 당시 교통방송 김어준의 뉴스공장에 실명이나 비실명으로 출연하여 "총장이 '자유한국당이 집권하면 학교가 위

기를 맞을 수 있으니 그쪽에 줄을 서야 한다'고 말했다"라
거나 "표창장을 위임받아 만든다", "봉사활동하는 것을 봤
다", "일련번호나 박사학위 형식이 다른 표창장을 만들었
다"라는 등의 이상한 말들을 쏟아내었다.

심지어 총장이 조국 딸을 며느리로 삼고 싶을 정도로 예뻐
하며 조민의 사진을 갖고 다닌다는 주장이 나오기도 하였다.

하지만 인사청문회를 마친 직후에 검찰은 정경심에 대해 "압
수수색 과정에서 흑백으로 된 표창장 복사본과 함께 컴퓨터에
서 직인 파일이 나왔다"라는 이유로 사문서위조 혐의로 기소했
으며, 법원에서 혐의가 인정돼 징역 2년형을 선고받았다.

조민의 인턴십 경력도 문제로 지적되었다.

조민은 고등학교 3학년이던 2009년 5월 1일부터 15일까
지 "서울대 법대 공익인권법센터에서 인턴 활동을 하고 증
명서를 받았다"라고 주장하였다.

하지만 공익인권법센터는 "2006년부터 발급한 인턴 현
황 명단에 조씨가 없는 데다 인턴 활동 기간이 유학생 필수
스펙인 AP시험 기간과도 겹친다"라며 증명서 발급 사실을
부인하였다.

또 조민이 고려대학교 2학년 여름방학 기간이던 2011년
7월 정경심 동양대 교수의 초등학교 동기동창인 이광렬의
도움을 받아 한국과학기술연구원(KIST)과 한 달간의 학생
연구원 근무 계약을 한 뒤, 정 모 박사의 연구실에 2일만 출

근하고 무단결근했으나 정경심 교수는 딸이 부산대 의학전문대학원을 준비하던 고려대 4학년 당시인 2013년에 3주짜리 학생연구원 근무 경력 확인을 허위로 적은 e메일로 받아 내용을 다시 가공해 이름과 주민등록번호·소속기관명 등의 양식을 갖춘 근무기록 확인 증명서를 만들었다.

이에 대해 딸은 김어준의 뉴스공장과의 인터뷰에서 "허위 인턴 증명서는 하나도 없다"라고 밝혔으나 정 모 박사는 "내가 증명서를 발급해주거나 서명을 한 기억이 없다"라고 일축하였다.

키스트도 "해당 인턴경력서가 공식적으로 발급된 사실이 없음을 확인했다"라고 하였다. 가짜 인턴 증명서 발행과 관련하여 "가짜 인턴증명서 발급으로 KIST의 명예에 손상을 입힌 책임을 통감하고 자리에서 내려오겠다"라고 밝힌 KIST 기술정책연구소장으로 있던 이광렬은 10월 16일에 보직해임 됐다. 정작 책임질 사람은 책임지지 않고 엉뚱한 사람이 책임지는 사태가 발생한 것이다.

어디 그뿐인가.

조국 전 법무부 장관이 딸 조민의 호텔 인턴 경력서를 허위로 작성한 정황도 드러났다. 검찰이 조국 당시 서울대 교수실 컴퓨터에서 확보한 호텔 인턴 경력서는 호텔 이름부터 틀린 '가짜'로 드러났다.

조민씨 공소장에는 "조국 전 장관은 2009년 7월 말~8월 초 서울대 교수연구실 컴퓨터로 아쿠아펠리스 호텔 대표이사 명의의 서류를 만든 다음, 호텔 관계자를 통해 법인 인감을 날인 받아 허위로 서류를 발급받았다"라는 내용이 들어 있다.

조 전 장관의 배우자 정경심씨의 재판에서도 이 서류들은 가짜로 판정됐다. 해당 재판부는 "호텔 확인서 및 실습 수료증은 모두 조 전 장관이 그 내용을 임의로 작성한 후 호텔 측 법인 인감을 날인받은 것으로 판단된다"라고 밝혔다. 호텔 직원들은 정경심씨 공판에 출석해 조민씨가 인턴을 한 적이 없다는 증언도 하였다.

조국의 아들 역시 가짜 인턴경력문제로 도마 위에 올랐다.

정경심은 2012년 1월부터 동양대 어학교육원에서 경북 영주지역 중고교생 대상으로 진행하는 청소년 인문학 프로그램에 자신의 아들이 수강한 사실이 없음에도 1~4기 수료증(3기는 관련 강좌 개설되지 않고 4기는 도중에 폐강)과 동양대 총장 명의 최우수상, 봉사활동 확인서를 아들에게 허위로 발급하였다. 수료증 옆에 총장 명의 직인이 날인된 것처럼 보이기 위해 정경심 교수가 가지고 있던 동양대 어학교육원장 직인을 고의로 흐릿하게 날인 하였다.

2013년 3월에는 동양대 영어영재교육센터장을 겸임하면서 아들이 "교양학부 교육 프로그램에 참여해 초등 3~6학년 대상 31시간 봉사활동을 했다"는 취지의 허위 확인서를 만들어 학교생활기록부에 기재하도록 하였다.

조국은 아들이 SAT(미국대학수능시험) 준비 등 해외 대학 진학을 위해 학교 수업을 빠져야 하는 상황에서 무단 결석 처리를 막기 위해 학교 제출용으로 인턴 활동 의사나 계획이 없다는 사실을 잘 알면서도, 2013년 7월 공익인권법센터장인 한인섭 교수에게 아들의 인턴활동 예정 증명서 발급을 부탁해 2013년 7월 15일부터 8월 15일까지 '학교폭력 피해자의 인권 관련 자료 조사 및 논문 작성 등 활동을 할 예정임을 증명한다'는 취지의 허위 내용이 기재된 증명서를 발급받았다.

　조국과 배우자 정경심 동양대 교수는 아들과 공모해 2017년 10~11월 아들의 고려대와 연세대 대학원 진학 시 최강욱 당시 청와대 비서관 명의로 된 허위 인턴활동확인서, 서울대 공익인권법센터 허위 인턴활동증명서, 미국 조지워싱턴대 허위 장학증명서 등을 제출해 대학의 입학사정 업무를 방해한 혐의도 받는다.

　결국, 최강욱은 이로 인해 기소됐고, 유죄가 확정돼 의원직을 상실하고 말았다.

　당시 조국 일가 비리를 수사해온 서울중앙지검 반부패수사2부(부장 고형곤)는 "최강욱 비서관을 업무방해 혐의로 기소해야 한다"는 의견을 이성윤 신임 서울중앙지검장이 취임한 1월 14일부터 계속 요청하였으나 이성윤 지검장이 반대하자 1월 22일부터 윤석열 검찰총장이 3차례에 걸쳐 기소를 지시하였음에도 받아들이지 않자 송경호 서울중앙지검 3차장이 재판에 회부 하였다.

특히 조국 전 장관 부부는 2016년 11월 1일, 12월 5일 미국 조지워싱턴대에 다니는 아들의 '민주주의에 대한 세계적 시각(Global Perspective on Democracy)' 과목의 온라인 시험(객관식 10문항)에 맞춰 대기하고 있다가 촬영한 사진을 아이메시지(i-message)를 통해 전송하면 각각 분담해 나눠 푼 뒤 답을 전송해 제출토록 하였다. 아들의 오픈북 시험을 대신 칠 즈음이던 2016년 11월 17일에 "이화여대 교수가 최순실(최서원) 씨 딸 정유라 씨를 위해 과제물을 대신 써줬다"라는 기사를 링크하면서 "경악한다"고 썼던 조국 부부가 그보다 더한 부정행위를 한 셈이다.

'내로남불', '조로남불'이라는 비판이 나오는 이유다.

이런 사실들이 언론 등을 통해 알려지면서 한때 '문재인의 황태자'로 급부상했던 조국은 추락하기 시작하였다.

그런데도 당시 대통령이었던 문재인은 그를 법무부 장관으로 임명하고 말았다.

주요 대학교를 중심으로 조국 임명 철회를 요구하는 시위가 시작되었으나, 문재인은 "본인이 직접적으로 책임질 불법 행위가 드러난 것은 없다"라고 일축해버렸다.

그러자 조국 퇴진을 요구하는 대규모 집회가 곳곳에서 벌어졌다.

이 과정에서 민주당은 '조국 수호'에 나섰다.

그 시작은 시민단체인 개혁국민운동본부(개국본)이다.

시민단체 가면을 쓴 조국 추종자들은 이른바 '사법적폐 청산을 위한 검찰 개혁 촛불 문화제'라는 이름으로 범죄혐의자인 조국을 지키기 위해 나섰다.

실제로 당시 개국본은 2019년 9월 16일부터 21일까지 매일 집회를 연 데 이어, 그 다음부터는 매주 토요일 집회를 이어갔다.

집회 첫날 사람들은 팻말과 조국 사진을 들고 하나둘씩 중앙지검 앞 도로에 앉기 시작했다. 지방에서 일찍 올라와 배낭을 메고 일찍 자리를 잡은 행렬도 눈에 띄었다. 이들은 '정치검찰 물러나라', '자한당을 수사하라', '검찰개혁 이뤄내자', '공수처를 설치하라' 등이 적힌 팻말을 들고 '조국수호' 구호를 외쳤다. 집회 참가자들 사이 곳곳에서는 '우리가 조국이다'라는 깃발이 펄럭였다. 집회 참가자들은 세월호를 상징하는 노란 리본이 붙은 모자와 '조국 수호'라는 머리띠를 쓰기도 하였다.

거기에 이성은 찾아볼 수 없었다.

"누구에게나 공정한 법을 담당하는 법무부 장관은 공정하고 깔끔한 사람이 맡아야 한다"는 국민의 상식적인 주장은 그대로 묻혀 버리고 날았다.

여기에 더불어민주당이 힘을 보태고 나선 것.

물론 이 집회는 시민단체인 개국본에서 주도해 민주당과 직접적인 연관은 없다.

하지만 민주당 내 전·현직 의원들이 집회에 참여하거나 발언대에 올랐고, 민주당 공식 유튜브 채널인 '씀'(현 델리민주)에서 집회를 생중계하기도 하였다.

특히 2019년 9월 28일 서초동에서 열린 제7차 집회에는 현역이었던 이종걸·안민석·민병두·박홍근·윤후덕·박찬대·김현권 의원과 당시 원외 인사인 정청래·정봉주 전 의원 등 10여 명이 참석하였다.

이중 이종걸과 정청래 등은 단상에 올라 직접 마이크를 잡았다.

정청래는 "조국은 무죄다. 조 장관 딸은 공부를 잘한 모범생이었고, 사모펀드는 익성 펀드라는 것이 드러나고 있다"라며 "조국을 때려 문재인 대통령을 멍들게 하자는 것이 저들의 작전"이라고 검찰을 비판하였다.

함께 집회에 참석한 민병두, 박홍근, 안민석 의원 등은 자신의 SNS에 후기를 정리한 글과 함께 인증사진을 올리기도 하였다.

대놓고 '조국 수호'를 강조한 인사도 있었다.

특히 2019년 9월 18일 이해찬 당시 민주당 대표는 최고위원회의에서 "여전히 계속되는 (조국 법무부 장관) 가족 논란이 국민에게 피로감을 주는 것이 현실이고 야당은 정쟁 수단으로 삼아 국회를 공전시키고 있다"라고 비판하였다.

이어 22일에는 당시 대변인이었던 이해식 의원이 "검찰은 다른 사건과 비교해 조국 장관 관련 사건에 대해 '공정'

하게 수사하고 있는 것인가"라며 "검찰은 정의로워야 한다"고 검찰을 공격하기도 하였다.

그로 인해 민주당은 국민으로부터 외면을 받았다.

당시 민주당 대표였던 이해찬은 결국, 성남 민심에 떠밀려 조국 전 장관이 사퇴한 이후인 2019년 10월 30일 '조국 논란'에 대해 "여당 대표로서 무거운 책임감을 느낀다"라며 "국민 여러분께 매우 송구하다는 말씀을 드린다"라고 사과해야만 하였다.

표창원 전 민주당 의원은 당시에 불출마를 선언하면서 "비리 의혹을 받는 정부 인사를 옹호하는 상황이 힘들었다"라며 "어떤 상황에도 조 전 장관을 지지하고 논리와 말빨로 지켜주는 도구가 된 느낌이 들면서 '내 역할은 여기까지'라는 생각이 들었다"라고 한탄하였다.

당시 민주당 최고위원이었던 김해영 전 의원도 자신의 SNS를 통해 "조국 사태에서 우리 당이 너무나 큰 실책을 했다"라며 "저는 지금도 당에서 조국 전 장관을 왜 그렇게 지키려 했는지 이해할 수가 없다"라고 하였다.

그는 당시를 떠올리며 "조국 전 장관 임명에 대한 반대 여론이 높아지자 지도부와 일부 의원들이 '조국 반대'는 '검찰 개혁 반대'이고 이는 '적폐세력'이라는 프레임을 들고 나왔다"라며 "검찰개혁을 조국이 아니면 할 수 없다는 것은 참으로 정직하지 못한 주장이었다"라고 지적하였다.

민주당 내 2030 그룹인 이소영, 오영환, 장철민, 장경태, 전용기 등 5명의 초선의원이 입장을 발표하고 조국 논란에 대해 사과하였다.

이들은 "조국 장관이 검찰 개혁의 대명사라고 생각했고 그래서 검찰의 부당한 압박에 밀리면 안 된다고 판단했다"라며 "하지만 그 과정에서 수많은 국민이 분노하고 분열되며 오히려 검찰 개혁의 당위성과 동력을 잃은 것은 아닌가 뒤돌아보고 반성한다"라고 밝혔다.

진보진영의 많은 인사도 조국 사태로 민주당에 등을 돌렸다.

참여연대 집행위원장 시절 '조국 사태'를 겪은 뒤 참여연대를 탈퇴한 김경율 경제민주주의21 공동대표는 "조국 사태 이후 내 의지와 별개로 만들어진 상황이 끝없는 전투력을 요구했다"라며 "내가 갇혔던 매트릭스에서 빠져나오면서 역사와 이념 등에 대해 갖고 있던 생각들이 달라졌다. 옳다고 믿었던 것들이 옳지 않을 수도 있다는 아픈 자각과 함께 옳고 그름의 의미가 변했다"라고 하였다.

조 전 장관 수호 집회의 시작부터 끝까지 한 번도 빠지지 않고 참가했던 단체였던 '깨어있는시민연대당'(깨시연당)은 "잘못했다. 우리 모두 조국에게 속았다. 판결이 다 나왔고, 재판 진행 과정에서 조국의 거짓을 목격했기 때문에 지난 과오를 인정하지 않을 수가 없다"라며 고개 숙였다.

결과적으로 민주당이 재집권에 실패한 가장 중요한 요인은 '조국 사태'인 셈이다.

문재인 집권 당시 청와대 홍보수석비서관을 지낸 조기숙 이화여대 국제대학원 교수도 자신의 저서 '어떻게 민주당은 무너지는가'(테라코타)에서 "민주당이 무너지는 중이라 생각한다. 민주당은 외부 요인에 의해 무너진 게 아니라 스스로 제 발에 걸려 넘어졌다"라면서 가장 큰 요인을 '조국 사태'라고 짚었다.

그는 "나는 문재인 대통령이 대선 패배에 직접적 책임은 없지만, 세 가지 정무적 결정이 민주당을 무너뜨리는 데 기여함으로써 간접 책임이 있다고 주장했다. 그중 가장 중요한 정무적 결정은 조국 임명"이라며 "조국이 자진 사퇴를 하지 않고 버팀으로써 멸문지화를 당한 것, 조 전 장관이 청문회에서 딸의 인턴증명서에 관련된 위증을 하는 걸 국민이 지켜봤는데 끝까지 임명을 강행한 것, 민주당 지도부가 서초동 집회의 조국 지킴이에 휘둘리며 그들과 선을 긋지 못한 것"을 지적하였다.

그것이 민주당을 무너뜨리는 단초가 된 결정적 오판이라는 것.

조국 전 법무부 장관은 자녀입시비리 및 감찰무마와 관련해 서울중앙지법 1심에서 징역 2년과 추징금 600만 원을 선고받았다. 그동안 조 전 장관은 핍박받는 성자처럼 행세해왔지만, 사실은 파렴치한 범죄자였음이 밝혀진 것이다.

그런데도 정작 당사자인 조국은 여전히 반성이 없다.

　실제로 조국은 검찰이 딸 조민을 기소하자 〈'사냥감'에게 기소편의주의 칼을 찌르고 비트는 검찰〉이라는 제목의 글에서 "4년 전 에미와 새끼가 공범이라고 주장하면서도 에미를 기소할 때 새끼 기소는 유보시켰다. 왜? 에미에 대한 중형을 확보하기 위해서다. 그리고 성공했다"라며 "에미를 창살 안에 가둔 후, 새끼 기소 여부를 결정하지 않았다면서 두 번의 기자 브리핑을 통해 에미 애비가 혐의를 다투지 말고 다 인정해야 새끼를 기소유예를 할 수 있다고 공개적으로 밝혔다. 애비가 13번째 대국민사과문을 발표하고 구체적 혐의는 법정에서 밝히겠다고 하자, 언론은 자백하지 않는다고 애비를 비난했고, 검찰은 자백 외는 의미 없다며 새끼를 기소했다"라고 반발하였다.

　이어 "굴복 아니면 조리돌림 후 몰살. 민주헌정 아래에서 이런 공소권 행사가 허용되는 것이었구나"라며 "국민이 준 검찰권이라는 '칼'을 이렇게 쓴다"라고 하였다.

　검찰이 조민을 부산대와 서울대 의학전문대학원에 허위 서류를 제출해 입학 사정 업무를 방해한 혐의(허위작성공문서행사 등)로 불구속 기소한 당일에도 "차라리 옛날처럼 나를 남산이나 남영동에 끌고 가서 고문하길 바란다"라며 강하게 반발하였다.

　하지만 입시 비리 등으로 가족 전원이 기소될 처지에 놓인 조국이 1970,80년대 민주화 운동 당시 인사들이 고문받은 것에 자신을 견준 것 자체가 어불성설이라며 진영 불문 비판을 받고 있다.

반성 없는 태도가 자신을 고립시키는 셈이다.

그러면 민주당은 어떤가.

조국 전 법무부 장관의 1심 유죄 선고 직후 민주당은 공식 논평을 내지 않고 침묵했다. 당직자들의 흔한 구두 논평조차 없었다. 2019년 당 지도부가 조국 사태에 대해 "온 가족을 멸문 지경까지 몰아붙이고 있다"라며 검찰을 비난하였던 분위기와는 사뭇 달랐다. 의석 169석의 거대 야당이 간단한 입장 표명도 못 하는 보기 드문 사건이다.

사실 지난 대선을 앞두고 민주당은 공정 가치를 되찾기 위해 '조국의 강'을 건너겠다고 대국민 약속을 했었다. 이재명은 대선 기간 중 "민주당이 공정성에 대한 국민 기대를 훼손하고 국민을 아프게 한 것은 변명의 여지가 없는 잘못"이라며 세 차례나 고개를 숙였다. 그만큼 조국 사태가 불러온 역풍은 거셌다.

하지만 대선 패배 후 그 약속은 없던 일이 됐다. 조국의 강을 건너기는커녕 운도 떼지 못한 모양새다.

이것이 각종 비리 의혹과 관련해 검찰의 소환 조사를 받는 이재명 대표를 의식한 때문이라면 이는 매우 심각한 문제가 아닐 수 없다.

그런데 그럴 가능성이 농후하다.

사실 조국 사태와 이재명 리스크는 겹치는 장면이 한두 가지가 아니다.

조국과 이재명은 모두 심각한 도덕적 흠결에도 '묻지 마' 지지를 보내는 강성 팬덤층을 정치기반으로 야권의 유력한 대권 주자가 될 뻔하였거나 된 적이 있다는 공통점이 있다.

조국은 당시 공직 검증에서 촉발된 검찰 수사만 아니었다면 지금쯤 '꽃길'을 걸을 수도 있었을 것이다.

이재종은 대학 나와 좋은 지위와 인맥으로 서로 인턴 시켜주고 품앗이하듯 '스펙 쌓기' 해주는 것은 그런 시스템에 접근조차 할 수 없는 수많은 청년에게 좌절과 실망을 주는 일이다.

따라서 당사자인 조국은 물론 그를 옹호하고 감쌌던 민주당은 이를 철저하게 반성하고 이런 일이 되풀이되지 않도록 스스로 돌아봐야 한다.

민주화 운동에 헌신하면서 공정과 정의를 누구보다 크게 외치고 남을 단죄했던 자들이 자신들의 자녀 문제에 있어서 다른 잣대를 적용했다면, 정치지도자의 자격이 없는 것이다.

그런데도 조국은 뻔뻔하게 자신의 회고록 '조국의 시간'이 '공식 출간 하루 만에 10만 부를 돌파했다'는 출판사의 SNS 글과 사진을 공유하면서 자랑을 늘어놓았다.

민주당은 '조국의 강'을 건넌다고 했지만, 여전히 그를 옹호하는 사람들이 큰소리를 치고 있다.

조국에 대한 국민적 반감의 이유가 된 소위 '강남 좌파'의 위선적 삶에 대한 정서적 괴리감에 대해서는 '부자의 진실과 가난한 자의 진실은 평등하다' 라는 황당한 논리를 펴기도 하였다.

그 결과 민주당은 지난 대선에서 정권을 내줘야 했다.

6공화국 출범 이후 단 5년 만에 정권을 내준 것은 문재인 정권이 처음이었다. 노태우도 김영삼이, 김대중도 노무현이, 이명박도 박근혜가 재집권에 성공해 10년은 간다는 원칙이 생겼는데 문재인이 그런 원칙을 깨고 재집권에 실패한 것이다.

조국 수호에 나선 결과다.

정치는 자기 자신에게 엄격해야 한다. '내로남불' 조국 사태가 우리에게 남긴 교훈이다.

그런데 조국은 문재인 전 대통령을 예방한 뒤 '길 없는 길을 가겠다' 라며 사실상 총선 출마 의사를 밝혔다.

물론 대한민국에서 피선거권을 가진 자라면 누구든 출마할 자유가 있다. 조 전 장관이 비록 자녀의 입시 비리와 감찰 무마 등의 혐의로 1심에서 징역 2년형을 선고받았으나 확정판결을 받기 전까지는 '무죄 추정의 원칙'에 따라 피선거권을 박탈당하지는 않는다.

1심 형이 그대로 확정되면 형기를 마친 시점부터 5년 동안 피선거권이 박탈되지만 기소 이후 재판이 '질질' 끌어지면서 내년 4월 총선 전 2심 판결조차 나오기 어려워 보인다. 따라서 조국 전 장관이 출마하겠다면 현재로선 막을 방도가 없다.

문제는 그로 인해 국민이 상처를 입게 된다는 점이다. 이른바 '조국 사태'는 '아빠 찬스'를 자녀에게 줄 수 없는 대다수 가장에게 눈물을 안겨주었다. 공정기회를 얻지 못했다고 생각하는 많은 청년에게는 절망을 맛보게 했다. 그런 그가 출마한다면 잠시 잊었다고 생각했던 분노가 치밀어 오를 것은 불 보듯 빤하다.

4년 전 조국 지지자들이 검찰의 조국 수사에 맞서 "조국은 무죄다"라며 '조국 수호'를 외쳤듯 이재명 대표도 자신을 향한 검찰 수사에 맞서 대규모 장외집회를 여는가 하면 뜬금없는 단식투쟁을 벌이기도 했다. 조국이 이재명으로, 서초동이 남대문으로, 촛불이 파란 목도리로 바뀌었을 뿐이라는 지적도 나온다.

그런 모습을 보면 조국과 이재명은 '유유상종(類類相從)'이라는 느낌을 지우기 어렵다.

그것이 과연 민주당에 도움이 되는지 이재명 스스로 판단할 때가 되었다.

민주당과 이재명 대표는 본인들이 걸었던 '조국 사태'의 불행한 그 길을 다시 가고 있는 것이 아닌지 되돌아볼 필요가 있다.

황병열의 회초리

좋은 대학 나와 좋은 지위와 인맥으로 서로 인턴 시켜주고 품앗이하듯 '스펙 쌓기' 해주는 것은 그런 시스템에 접근조차 할 수 없는 수많은 청년에게 좌절과 실망을 주는 일이다.

따라서 당사자인 조국은 물론 그를 옹호하고 감쌌던 민주당은 이를 철저하게 반성하고 이런 일이 되풀이되지 않도록 스스로 돌아봐야 한다.

민주화 운동에 헌신하면서 공정과 정의를 누구보다 크게 외치고 남을 단죄했던 자들이 자신들의 자녀 문제에 있어서 다른 잣대를 적용했다면, 정치지도자의 자격이 없는 것이다.

그런데도 조국은 뻔뻔하게 자신의 회고록 '조국의 시간'이 '공식 출간 하루 만에 10만 부를 돌파했다'는 출판사의 SNS 글과 사진을 공유하면서 자랑을 늘어놓았다.

민주당은 '조국의 강'을 건넌다고 했지만, 여전히 그를 옹호하는 사람들이 큰소리를 치고 있다.

조국에 대한 국민적 반감의 이유가 된 소위 '강남 좌파'

의 위선적 삶에 대한 정서적 괴리감에 대해서는 '부자의 진실과 가난한 자의 진실은 평등하다'라는 황당한 논리를 펴기도 하였다.

그 결과 민주당은 지난 대선에서 정권을 내줘야 했다.

6공화국 출범 이후 단 5년 만에 정권을 내준 것은 문재인 정권이 처음이었다. 노태우도 김영삼이, 김대중도 노무현이, 이명박도 박근혜가 재집권에 성공해 10년은 간다는 원칙이 생겼는데 문재인이 그런 원칙을 깨고 재집권에 실패한 것이다.

조국 수호에 나선 결과다.

정치는 자기 자신에게 엄격해야 한다. '내로남불' 조국 사태가 우리에게 남긴 교훈이다.

그런데 조국은 문재인 전 대통령을 예방한 뒤 '길 없는 길을 가겠다'라며 사실상 총선 출마 의사를 밝혔다.

물론 대한민국에서 피선거권을 가진 자라면 누구든 출마할 자유가 있다. 조 전 장관이 비록 자녀의 입시 비리와 감찰 무마 등의 혐의로 1심에서 징역 2년형을 선고받았으나 확정판결을 받기 전까지는 '무죄 추정의 원칙'에 따라 피선거권을 박탈당하지는 않는다.

1심 형이 그대로 확정되면 형기를 마친 시점부터 5년 동안 피선거권이 박탈되지만 기소 이후 재판이 '질질' 끌어지면서 내년 4월 총선 전 2심 판결조차 나오기 어려워 보인다. 따라서 조국 전 장관이 출마하겠다면 현재로선 막을 방도가 없다.

문제는 그로 인해 국민이 상처를 입게 된다는 점이다. 이른바 '조국 사태'는 '아빠 찬스'를 자녀에게 줄 수 없는 대다수 가장에게 눈물을 안겨주었다.

공정기회를 얻지 못했다고 생각하는 많은 청년에게는 절망을 맛보게 했다. 그런 그가 출마한다면 잠시 잊었다고 생각했던 분노가 치밀어 오를 것은 불 보듯 빤하다. 💬

제2장

박원순의 '성범죄'

박원순의 '성범죄'

　조국의 '후안무치' 못지않게 민주당을 나락을 떨어뜨리는 사건이 바로 박원순의 '성비위' 사건이다.

　피고소인 박원순의 사망으로 인해 사건은 '공소권 없음'으로 불기소처분, 수사 종결(검찰사건사무규칙 제69조에 의함)된 이 사건은 2020년 7월 12일 박원순 당시 서울시장이 성추행으로 전 비서에게 고소당했다는 사실이 알려지면서 시작되었다.

　1993년 이른바 '우조교 성희롱' 사건의 변호인으로 성추행이 불법이라는 것을 세상에 알린 박원순이지만, 아이러니하게도 그가 2020년 7월 8일, 비서로부터 성추행 혐의로 고소를 당한 것이다. 고소인 A씨는 박원순 시장이 2017년부터 텔레그램을 통해 고소인에게 다수의 음란한 사진을 전송하고 A씨의 사진을 요구했으며, 박 시장의 집무실 내부 침실에서 자신에게 신체접촉을 했다고 진술하였다.

　고소장 접수는 7월 8일 오후 4시 30분에 되었고, 박원순 시장 측이 고소인의 동향을 파악한 것은 같은 날 오후 3시쯤이다. 기사 고소 사실이 확인된 8일 밤, 박 시장과 서울시 젠더특보 등이 참석한 대책회의에서는 고소인에 대한 사과와 시장직 사의 필요성 등이 거론되었다고 한다.

하지만, 3선 서울시장 출신의 유력한 대선후보였던 박원순은 사회적 지탄과 법적 심판을 받는 대신 스스로 극단적인 상황을 선택하고 말았다.

결국, 피고소인 박 시장이 사망함에 따라 추가 수사 없이 '공소권 없음'으로 종결되고 말았다. 유서에 자살 동기를 명확하게 밝히지 않았으나, 지지층 및 가족에게 미칠 피해로 인한 죄책감 등이 은유적인 표현으로 담겨 있는 것으로 보아 성추행 사실이 드러날 것에 대한 압박감이 가장 개연성 있는 유력한 자살 원인 중 하나로 점쳐지고 있다.

대체 무슨 일이 벌어졌던 것일까.

결정적인 증거가 담긴 박원순 휴대 전화를 포렌식 수사하는 과정이 도중에 유족들에 의해 금지되어 수사에 난항이 발생하였다. 이후 2020년 12월 9일 유족들이 제기한 준항고가 법원에서 기각되어 2020년 12월 18일 포렌식 수사가 재개되어 2020년 12월 23일 완료되었으나, 사망 경위 수사에만 한정되었기 때문에 그 상세한 내막까지는 알 수가 없다.

하지만 재판부는 박원순이 야한 문자와 속옷 차림 사진

을 보냈고, "냄새를 맡고 싶다, 킁킁, "몸매 좋다", "사진을 보내달라", "남자에 대해 모른다", "남자를 알아야 시집을 갈 수 있다", "섹스를 알려주겠다"라며 성관계 과정을 줄줄이 말하는 등 성희롱성 문자를 보낸 사실을 인정하였다.

재판부는 "피해자가 박 시장의 성추행으로 상당한 정신적 고통을 입은 것은 틀림없는 사실"이라고 강조하기도 하였다.

그런데 피해 사실은 이게 전부가 아니었다.

2020년 7월 16일 해당 고소인 측이 피해 사례를 추가로 공개하였다. 구체적인 내용은 ▲회식 때마다 노래방 가서 허리감기, 어깨동무 ▲술 취한 척 '뽀뽀' 하기 ▲집에 데려다준다며 택시 안에서 일방적으로 뽀뽀하고 추행하기 ▲바닥 짚는 척하며 다리 만지기 등이었다. 특히 서울특별시 관계자가 고소인에게 '심기 보좌' 혹은 '기쁨조'와 같은 역할을 사전에 요청했다고 밝혀 충격을 주기도 하였다.

또 2020년 7월 17일 추가로 성추행 피해를 주장한 사람이 나오기도 했다. 해당 인물은 2018년 서울시가 외부 사업자와 행사를 진행할 때 특정 프로젝트 참여자로 서울시청 소속이 아닌 외부인이다. 그는 박 전 시장이 모바일메신저로 사적인 사진들을 보내왔다고 주장하였다.

그러나 이 사건에 대해선 당시 경찰청장이 규정상 공소권 없음으로 조치하기로 했다고 밝힘에 따라 수사는 진행되지 않았다.

결국, 2021년 1월 25일, 국가인권위원회는 박원순이 피해자에게 한 행동은 성희롱에 해당한다고 결론 내렸다.

인권위 직권조사 결정문에 따르면 박 전 시장이 ①런닝셔츠 입은 셀카 사진을 보내고, ②네일아트한 피해자의 손톱과 손을 만진 것과 ③여성의 가슴이 부각된 이모티콘을 보낸 것은 피해 사실로 인정했다. 반면, ④셀카사진을 찍자며 원하지 않은 접촉 ⑤무릎 입맞춤 ⑥포옹 요구 ⑦텔레그램으로 성관계 묘사 주장, 섹스에 대해 알려주겠다는 등의 성적인 문자메시지는 이를 증명할 참고인이 없고, 대화 내용이 포렌식으로 복구되지 않아 확인할 수 없어 사실로 인정하기 어렵다고 판단했다. 그럼에도 박 전 시장의 언동은 부하직원을 성적 대상화 하고 성적 굴욕감과 혐오감을 느끼게 하는 행위였다는 게 인권위의 판단이다.

그런데 박원순 전 서울시장 유족 측이 박 전 시장의 성희롱을 인정한 국가인권위원회의 결정을 부정하며, 이것을 취소해달라고 취소소송을 제기하였다. 소송의 상대방이 국가인권위원회이므로 행정소송이 된다.

하지만 2022년 11월 15일 서울행정법원은 유족 측의 청구를 기각하였다. 법원은 박 시장의 성희롱 행위가 있었다고 판단했으며, 인권위 결정에 절차적 위법이 있다거나 심판 범위를 초과했다는 유족 측 주장도 모두 배척했다. 성희롱 사실이 있었다는 판단을 내린 것이다.

앞서 2021년 4월 8일 오세훈 서울시장은 박원순 성추행 사건과 관련해 "이번 선거의 원인이 전임 시장의 성희롱이었다. 피해자는 우리 모두의 아들, 딸일 수 있다"라며 "피해자가 편안한 마음으로 업무에 복귀할 수 있도록 잘 챙기겠다"라고 약속하였다. 서울시 내부에서는 피해자 업무복귀 지원이 사실상 '1호 지시'로 받아들여졌다.

그러자 피해자의 법률대리인인 김재련 변호사는 "피해자가 '오 시장의 당선 소감 발표 장면을 보고 그동안의 힘든 시간이 떠올라 가족들과 함께 울었다'고 했다"라고 전하였다.

그런데 이게 끝이 아니었다.

새로운 2차 가해 논란이 벌어진 것.

경찰은 박원순의 사망 경위와 성추행 혐의의 단서가 담겼을 것으로 지목된 스마트폰의 비밀번호를 풀었다. 피해자 측의 제보 덕분이었다. 비서실 근무자들이 지자체장의 업무용 휴대전화 비밀번호를 알고 있는 경우는 비일비재하다.

그런데도 민주당 측 인사들은 "피해자가 박원순 아이폰 비밀번호를 어떻게 알았냐"라며 확인되지 않은 의문과 음모론을 제기하고 아를 퍼 나르는 식으로 다시 2차 가해를 가하기 시작하였다.

또 경찰은 박 전 시장의 전·현직 비서진으로부터 각종 자료를 받아서 내용을 검토했는데, 이 중에는 피해자가

2019년 7월 전보되면서 작성한 인수인계서도 포함되어 있다. 이 중에 박원순에 대해 '인품이 훌륭한 분'이라는 말이 있는데, 이를 두고도 말들이 많았다.

피해자 측 변호사가 "피해자가 담당 업무를 후임에게 인수인계하는 처지에서 박 전 시장이 위험인물이니 조심하라는 말을 할 수는 없었을 것"이라고 했지만, 피해자를 향한 2차 가해는 계속되었다.

3차 가해도 있었다.

2022년 10월 17일 정철승 변호사가 개인 SNS를 통해 박 전 시장과 비서가 주고받은 텔레그램 대화 일부를 공개한 것이 발단이다.

비서 쪽에서 "사랑해요."라고 보낸 것 등 새로운 사실이 밝혀지자 언론 및 각종 커뮤니티에서 화제가 되었다. 실제로 박원순 女비서 "사랑해요"→ 朴 "내가 아빠 같다"…텔레그램 문자 전격 공개 등의 언론 보도가 나오기도 하였다.

그러자 박원순 사망을 고소인 탓으로 몰아가거나 인터넷 상에서 고소인을 비방, 또는 전혀 무관한 사람까지 신상털이 하는 등 비이성적인 일들이 곳곳에서 벌어졌다.

실제로 당시 "박원순 고소한 여성 색출하자"라는 신상털기 2차 가해 움직임에 따라 피해자는 정신과 치료를 받아야 할 만큼 힘들었다고 한다.

클리앙의 한 유저는 "난중일기에서 '관노와 수차례 잠자

리에 들었다'는 구절 때문에 이순신이 존경받지 말아야 할
인물인가요? 그를 향해 제사를 지내지 말라는 건가요?"라
며 고소인을 신분제 사회의 노비로 여기고 성추행 의혹을
정당화하는듯한 모욕적인 발언을 하기도 하였다.

박원순의 조카라고 주장하는 사람은 페이스북을 통해
'삼촌은 죽음으로 속죄했는데, 당신 주장이 사실이 아니면
당신은 어떻게 속죄할거냐, 왜 4년간 침묵했다가 고인의 발
인 날 터트리느냐'라며 고소인을 비난하는 글을 올리기도
했다.

심지어 구독자 10만명이 넘는 한 진보 성향 유튜브에서
는 박원순 시장이 성추행을 당했다는 취지의 영상이 올라오
기도 하였다.

견디다 못한 피해자는 2021년 3월 17일, 2차 가해가 심
하다면서 직접 기자회견을 열었다.

그런데 기자회견 이후에는 친문 지지자들에 의해 오히려
선거법 위반이라며 고발당하는가 하면 손병관 기자는 박원
순을 노골적으로 옹호하는 책을 내기도 하였다.

특히 2021년 3월 18일, 당시 TBS 라디오 김어준의 뉴스
공장에서 김어준은 박원순 성폭력 사건 피해자의 기자회견
을 '정치적 행위'로 규정하고 그에 대해 가해지는 비판을
피해자는 받아들여야 한다는 취지의 황당한 논조를 펴기도
하였다.

한마디로 '정치적 행위'는 '피해 사실'과는 별개이므로,

'정치적 행위'를 비판하는 것에 대해 '2차 가해'라고 뭐라 하지 말라는 것이다.

이에 대해 온라인상에서는 "김어준의 발언은 증오와 테러를 조장하는 것", "교통방송에서 저런 이야기를 하는 것 자체가 비정상인 나라"라는 비판이 쏟아져 나왔다.

그러나 이들보다 국민을 더욱 공분하게 만든 것은 바로 민주당 인사들의 태도다.

당시 민주당 의원들과 몇몇 민주당 인사들은 박원순 시장에 대한 의혹은 함구하고 추모만 하고 있었다. 민주당 인사들의 이 같은 태도가 오히려 2차 가해가 될 수 있다고 지적에도 그들은 아랑곳하지 않았다.

실제로 당시 이해찬 대표는 박 시장의 성추문에 대한 당 차원의 대응을 묻는 기자의 질문에 화를 내며 'XX자식'이라는 험악한 말을 내뱉었다. 물론 논란이 되자 뒤늦게 사과하긴 했으나 그것도 본인이 직접 사과한 게 아니고 대변인이 대신하는 형태여서 사실상 사과를 안 한 것이나 마찬가지다.

이해찬은 이에 대해 직접적인 사과를 한 적인 단 한 번도 없었다.

다른 민주당 인사들이 태도 역시 오십보백보였다.

박범계 의원은 "참여정부 출범 때부터 뵈었고, 맑은 분이기 때문에 세상을 하직할 수밖에 없지 않았나 하는 느낌이

든다"라고 했으며, 김용민, 김태년 등 민주당 의원들도 박
원순 시장을 가리켜 "거인" 등의 표현을 써가며 추모행렬에
가세했다. 우상호 의원도 "박원순이 나, 내가 박원순" 등의
발언으로 2차 가해 논란에 휩싸였다.

진성준 의원은 "박원순 '가해자 기정사실화'는 사자 명
예훼손"이라고 발언했다가 여론의 뭇매를 맞았다.

조희연 서울특별시 교육감 또한 자신의 SNS에 추모글을
올리면서 "자신에게 엄격한 분" 등의 발언을 하는가 하면
극단적 선택의 이유가 박 시장의 높은 도덕성 때문인 것처
럼 말해 또 다른 2차 가해라는 비판을 받았다.

민주당의 2차 가해는 그게 전부가 아니었다.

성범죄 고발자가 피해자로 불리는 게 당연했었는데, 박
원순 사건에선 '피해 호소인'이라고 불렀다.

민주당 내에서 '피해 호소인'이라는 이론적 근거를 제공
한 것은 당 젠더폭력TF 위원장을 맡은 남인순이었다.

그가 당 윤리규범을 근거로 '피해 호소인'이라는 표현을
써야 한다는 주장을 동료 의원들에게 전달했다는 것이다.

구체적으로 남인순이 동료 의원들에게 글을 하나 공유했
는데 '피해 호소인'은 성폭력 문제가 불거졌을 경우 앞장서
는 여성단체에서 많이 써 왔던 표현이라는 내용이었다고 한
다.

이에 고민정, 진선미, 양향자, 이수진 의원이 동의했고 4

선인 김상희 국회부의장도 '피해호소인' 또는 '피해호소여성'으로 칭해야 한다고 했다는 언론보도가 나왔다.

여성의원들이 앞장서서 성폭력 피해자에게 피해자가 아니라 단지 '피해를 호소하는 자'라는 뉘앙스를 풍기는 이 표현을 쓰도록 한 셈이다. 마치 이 표현이 피해자에게 어떤 상처를 주게 될지는 안중에도 없는 태도를 보인 셈이다.

과거 민주당 여성의원들은 지난 2018년 1월 29일 한국사회의 미투(me too · 나도 고발한다) 운동을 촉발한 서지현 검사 폭로 이후 하루 만에 국회에서 기자회견을 열고 법조계 성범죄를 규탄했었다. 재판 결과가 나오기 전이지만 민주당은 서지현 검사를 '성범죄 피해자'라고 지칭하며 적극적으로 옹호했다.

그런데 정작 민주당 소속 인사의 성범죄 피해자에 대해선 '피해자가 아닌 피해 호소인'이라고 지칭하고 나선 것이다.

이해찬 대표도 박원순 시장 전직 비서에 대해 사과드린다면서도 '피해를 호소하는 여성'이라고 표현했다. 진중권 교수가 이런 민주당 여성의원들을 향해 "여성 팔아먹고 사는 여성들"이라고 비판한 것은 이런 연유다.

민주당의 2차 가해의 결정적인 사건은 박 시장을 추모하기 위해 내건 현수막 논란이다.

당시 온라인커뮤니티에는 민주당이 "故박원순 시장님의 안식을 기원합니다. 님의 뜻 기억하겠습니다"라고 적힌 현수막이 공개됐다. 해당 현수막을 서울 곳곳에서 봤다는 목격담이 꾸준히 게재되었다.

이에 국민은 분노하였다.

게시물은 본 네티즌들은 "님의 뜻이 무슨 뜻인가" "성범죄 혐의를 받는데 추모 현수막을 내건 것은 부적절했다" "저걸 본 피해자 마음은 어떨까"라는 등 비판적인 댓글이 줄을 이었다.

언론에서는 성추행 의혹은 소명할 생각도 없이 무시하며 박 시장만 추모하고 고소인은 없는 사람 취급하는 게 아니냐는 비판이 제기되었다.

진중권 교수는 박 시장의 추모 현수막 사진을 공유하며 "잊지 않고 계승하겠다니 민주당 지자체장들의 성추행, 앞으로 계속 이어질 것 같다"라고 비꼬았다. 이는 앞서 성추문으로 물러난 안희정 전 충남지사, 오거돈 전 부산시장에 이어 불거진 민주당 내 성추문 사건을 빗댄 것이다.

시민일보 고하승 주필은 〈'더불어만진당' 꼬리표 떼어낼까〉라는 제목의 칼럼을 통해 민주당 인사의 잇따른 성추문 사건을 비판하기도 하였다.

민주당은 성추문이 터질 때마다 관련 태스크포스(TF)와 신고·상담센터 설치, 당헌·당규 개정 방침 등을 대책으로 내놓아왔다. 앞서 2018년에는 당시 유력 대권주자였던 안희정 전 충남지사의 '수행비서 성폭행' 의혹이 불거지자,

민주당은 젠더폭력 TF와 젠더폭력신고 상담센터를 설치하며 재발 방지를 약속하였다.

그럼에도 2년 후 민주당에선 권력형 성범죄가 '두 차례'나 발생했다. 2020년 4월에는 오거돈 전 부산시장의 '여직원 강제추행' 사건이 발생하였다. 오 전 시장은 해당 혐의를 스스로 인정하고 직에서 사퇴했다. 민주당은 당시 사건 때도 젠더폭력근절대책 TF를 꾸렸지만 뾰족한 대책은 거의 나오지 않았다.

이후 2020년 7월에도 유력 대권주자였던 박원순 전 서울시장이 성추문에 연루됐다. 박 전 시장은 해당 사건이 알려진 당일 극단적 선택을 했고 민주당은 가해자 무관용 원칙과 선출직 성평등교육 의무화, 윤리감찰단 및 온라인 신고센터 설치 등을 대응책을 내놨다. 또 주요 당직자를 대상으로 성인지 교육도 강화하겠다는 방침도 세웠다.

하지만 민주당내 성비위는 근절되지 않았다. 최강욱 의원은 2022년 4월 당 비대면 회의에서 모 의원에게 성적 행위를 연상시키는 'xxx를 한다'고 말했다는 의혹이 제기되었다. 한 달 후인 5월에는 박완주 의원을 둘러싼 '보좌진 성범죄' 사건까지 발생하였다. 특히 박 의원은 동의 없이 피해자를 면직시키려 했다는 2차 가해 의혹까지 받았다. 당시 박지현 위원장을 비롯한 민주당 지도부는 성비위 관련 제도 개선을 약속했지만, 1년이 지나도록 감감무소식이다.

민주당은 올해에도 당 소속 선출직 공직자들의 잇따른

성비위로 몸살을 앓았다.

강경흠 제주도의원이 음주운전에 이어 성매수 의혹으로 당에서 제명됐고, 결국 의원직에서 물러났다.

서울시의회 대표의원인 정진술 시의원은 지난 5월 당에서 돌연 제명됐는데 제명 사유가 불륜·낙태라는 사실이 뒤늦게 언론 보도를 통해 알려졌지만, 민주당은 구체적 사유를 끝내 밝히지 않고 '쉬쉬'하며 감사는 모습을 보였었다.

민주당 출신 무소속 박완주 의원 역시 강제추행치상과 직권남용, 명예훼손 혐의로 지난달 4일 불구속기소 되었다.

이로 인해 온라인상에서 네티즌들은 민주당에 '더불어만 진당'이라는 달갑지 않은 이름표를 달아주었다.

그보다 더욱 가관인 것은 박원순의 성범죄로 인해 보궐선거가 치러지는 서울시장 선거에 민주당이 뻔뻔하게 후보를 냈다는 사실이다.

민주당 당헌 96조 2항은 '당 소속 선출직 공직자가 부정부패 사건 등 중대한 잘못으로 그 직위를 상실해 재·보궐선거를 하게 된 경우 해당 선거구에 후보자를 추천하지 않는다'고 규정하고 있다.

한마디로 '귀책사유'가 있는 선거에 대해선 '무공천'을 한다는 것이다.

사실 성범죄 피해자를 조금이라도 생각했다면 '무공천'을 하는 게 맞다. 그런데도 민주당은 막무가내였다.

사실 해당 당규는 문재인 전 대통령이 새정치민주연합 대표였던 2015년 10월

새누리당 소속 고성군 군수가 선거법 위반으로 당선 무효가 돼 치러지는 보궐선거에 새누리당이 후보를 내자 이를 비판하면 개정한 당규다.

하지만 당시 대표였던 이낙연은 대선에 영향이 갈 것을 우려해 기존의 당헌을 무시하고 당헌에 '전 당원 투표로 달리 정할 수 있다'라는 이상한 문구를 붙여 공천을 진행을 확정했으며 투표로 심판받겠다는 태도를 보였다.

당헌은 당의 헌법이다. 그 당의 미래가 어떠한지 추구하는 방향이 어떤 것인지 유권자들에게 전하는 수단이지만 민주당은 본인들의 이득을 위해 본인들에게 불리한 본인의 당헌을 서슴없이 수정해 버린 것이다. 이는 언제든지 본인들한테 불리하게 하거나 자신들의 이익을 위해선 고민도 없이 법과 제도를 수정할 수 있다는 태도를 보인 것이나 마찬가지다.

당시 경기도지사였던 이재명 대표도 어쨌든 귀책사유가 있으니 당헌에 따라 재보선에 시장 후보를 내지 말아야 한다고 주장했다가 친문 의원들의 거센 비난과 문자폭탄을 견디지 못하고 하루 뒤 이낙연과 같은 입장으로 돌아섰다.

결국, 당원 투표를 거쳐서 투표율 27%에 찬성이 82%가 나왔다는 이유로 당헌을 바꾸고 말았다.

사실 원칙적으로 당원 투표의 정족수는 전체 당원의 1/3

이기 때문에 투표율이 27%에 불과한 당원 투표는 정당한 투표라고 할 수 없다.

따라서 찬성율이 얼마가 나왔든 간에 정족수 미달로 투표 결과 자체가 무효인 셈이다.

당원들이 투표를 바빠서 안 했던 일부러 표를 거부함으로써 무효를 만들려고 했던 투표가 무효가 된 것만큼은 부정할 수 없는 사실이다. 그런데도 민주당은 이런 절차적 공정성까지 무시하며 당헌개정을 강행하고 말았다.

그런데도 이낙연은 "후보자를 내지 않는 것만이 책임 있는 선택은 아니며 오히려 후보 공천을 통해 시민들로부터 심판을 받는 게 책임 있는 도리라는 생각에 이르렀다"면서 자신들의 행동을 합리화하였다.

하지만 그 결과는 참혹했다.

4.7 재·보궐선거 결과 서울시장엔 국민의힘 오세훈 후보가 57.5%의 득표율을 기록하면서 39.2%의 득표율에 그친 박영선 민주당 후보를 무려 18.3%포인트나 앞섰다.

서울시장 선거에서 오 후보는 서울 25개 자치구 모두 승리했다. 특히 '보수 텃밭'으로 불리는 강남 3구에서는 득표율에 있어 박영선 후보와 무려 3배 차이로 앞섰다.

결국, 그날 오후 민주당 지도부는 선거 참패에 책임을 통감한다며 총사퇴해야만 하였다. 당시 김태년 원내대표, 김종민·염태영·노웅래·신동근·양향자·박성민·박홍배 최고위원과 함께 무리하게 당헌개정을 추진하고 공천을 한 이낙연 대표까지 모두 물러났다.

차기 대권 주자 가운데 선두를 달리던 이낙연이 무너지기 시작한 것은 바로 그때부터다.

10.11 서울 강서구청장 보궐선거에서는 국민의힘이 그런 실수를 저질렀다.

국민의힘이 '귀책사유'를 이유로 '무공천'을 해야 하는 상황에서 김태우 전 강서구청장을 공천한 것이 결정적 패인이다.

국민의힘은 애초 당규 '지방선거 공직후보자 추천 규정' 제39조(재·보궐선거 특례) 제3항에 따라 "당 소속 선출직 공직자의 공직선거법 위반 등으로 인하여 재·보궐 선거가 발생한 경우 중앙당 공천관리위원회는 최고위원회의의 의결을 거쳐 당해 선거구의 후보자를 추천하지 아니할 수 있다"는 규정을 적용하여 무공천할 움직임을 보였다. 그러나 김태우 전 구청장이 대법원 확정판결을 받은 지 채 3개월도 되기 전에 8.15 광복절 특별사면 대상자에 포함되면서 공천 기류로 바뀌었고, 이게 국민의힘에게는 결정적 패착요인으로 지목되고 있다.

4.7 서울시장 보궐선거를 앞두고 민주당이 당헌 제96조 제2항에 따라 "당 소속 선출직 공직자가 부정부패 등 중대한 잘못으로 그 직위를 상실해 재보궐선거를 실시하게 된 경우 해당 선거구에 후보자를 추천하지 않는다"는 규정을

무시한 채 '전 당원 투표로 달리 정할 수 있다'라는 문구를 추가하여 후보 공천을 강행했던 상황을 국민의힘이 그대로 재연한 셈이다.

역시 결과는 참혹했다.

국민의힘 김태우 후보는 더불어민주당 진교훈 후보에게 17% 포인트라는 큰 차이로 패배했다. '여야가 팽팽한 구도이며 서울에서는 여당이 다소 유리하다'는 분석과 주장은 모두 엉터리였다는 사실이 입증된 셈이다.

이게 민심이다.

 황병열의 회초리

국민은 여당이든 야당이든 자신들의 이익을 위해 원칙을 훼손하고 오만한 태도를 보일 때 회초리를 든다.

사실 당시 민주당은 '귀책사유 무공천' 당헌을 무리하게 바꾸고, 후보를 공천한 것부터가 잘못이다. 민주당이 공천한 박원순-오거돈 등 전임시장들의 성범죄로 인해 치러지는 보궐선거인만큼 민주당은 당헌에 따른 '무공천'을 선언하면서 반성하는 모습을 보였어야 옳았다.

반면 정의당은 이번 선거와 직접 연관이 없음에도 김종

철 전 대표의 성추행 사건에 대한 책임을 지고 후보를 내지 않기로 했다. 만일 민주당이 정의당과 같은 자세를 취했다면, 서울시민들의 분노도 상당히 가라앉았을 것이다.

그런데 민주당을 보면 도무지 반성의 기색이라고는 찾아볼 수가 없었다. 연일 박원순 띄우기에 나선 임종석 전 대통령비서실장이 그 대표적인 사례일 것이다.

그는 당시 자신의 사회관계망서비스(SNS)에 박 전 시장의 업적을 부각하는 글을 올렸다. 심지어 임 전 실장은 박원순 이름을 용산공원에 새기자고 주장하기도 하였다.

가관인 것은 이 글에 조국 전 법무부 장관, 하승창 전 청와대 사회혁신수석, 조한기 전 청와대 제1부속비서관, 문대림 전 청와대 제도개선비서관 등 여권 인사들이 '좋아요' 혹은 '슬퍼요'를 누르며 공감을 표시했다는 점이다.

오죽하면 범여권으로 분류되는 정의당이 이날 "민주당은 2차 가해가 선거전략이냐"고 비판하였겠는가.

특히 지난 지방선거 당시 민주당 소속 지방자치단체장들이 일으킨 성폭력 사건의 피해자 지원단체가 2차 가해 연루 정치인들의 공천배제를 요구했지만, 민주당은 '묵묵부답'으로 일관하였다. 그사이 공천배제를 요구한 정치인 3명 가운데 2명이 6월 지방선거의 민주당 후보로 확정되었다.

실제로 한국성폭력상담소·부산성폭력상담소 등 57개

단체는 당시 성명을 내어 "성폭력 2차 피해 문제 해결에 대해 민주당이 약속하고 천명한 바를 이행하라"고 촉구했다. 이들은 당시 민주당 공직선거후보자추천관리위원회와 비상대책위원회에 최민희 전 의원, 변성완 전 부산시장 권한대행, 양승조 충남지사 등을 지방선거 공천에서 배제하라고 요구했다. 지방선거에 출마한 이들이 안희정 전 충남지사, 오거돈 전 부산시장 등의 위력 성폭력 사건 당시 2차 가해에 가담한 적이 있다는 이유에서다.

하지만 민주당은 아무런 답도 하지 않았다. 그대로 공천을 강행하였다. 그 결과 그들 3명은 모두 지방선거에서 낙선하고 말았다. 민심을 귀담아듣지 않은 대가다.

정치인은 특히 '성'에 대해 자신에게 엄격한 잣대를 들이댈 수 있어야 한다. 각 당은 성범죄, 혹은 성추문 전력자를 공천에서 원천적으로 배제하는 강력한 기준을 만들 필요가 있다. 💬

송영길의 '돈봉투'

송영길의 '돈봉투'

송영길 의원이 당 대표로 당선되었던 2021년 5월 2일 전당대회 당시 의원들과 대의원들에게 돈 봉투가 무더기로 뿌려졌다는 충격적인 의혹이 제기되었다.

사실이라면 '민주'라는 명칭을 당명에 붙인 정당이 돈으로 민주주의를 훼손한 엄청난 범죄이기에 용납해선 안 된다.

돈 봉투 살포 사건은 한국공공기관감사협회장 강래구가 이정근 전 민주당 사무부총장을 통해 여러 의원에게 불법자금을 건넴으로써 정치자금법 및 정당법을 위반했다는 의혹이다.

서울중앙지방검찰청 반부패수사2부(부장검사 김영철)가 2022년 이정근 전 부총장의 불법 정치자금 의혹을 수사하는 과정에서 이 전 부총장의 휴대전화를 포렌식 하면서 관련 통화 내역을 확보하면서 시작되었다.

2023년 4월 12일 이정근의 정치자금법 위반 및 알선수

재 등에 관한 1심 선고가 내려진 같은 날 서울중앙지검 반부패수사 2부가 윤관석, 이성만, 강래구 관련 20여 곳에 압수수색을 시작하면서 사건이 일파만파로 번져 나갔다.

2023년 9월 18일 사건의 핵심 피고인 중 하나인 윤관석 전 민주당 의원은 이정근 전 민주당 사무부총장으로부터 100만원씩 담겨 있는 돈 봉투 20개를 받았다는 사실을 인정하였다.

물론 처음부터 인정했던 것은 아니다.

처음에는 길길이 뛰며 혐의를 전면 부인하였었다.

2023년 4월 12일 오전 9시경 서울중앙지방검찰청 반부패수사2부(부장검사 김영철)가 윤관석 의원실, 이성만 의원의 주거지와 지역구사무실, 강래구의 자택, 송영길 캠프의 대전·세종·전남 지역본부장들의 주거지, 송영길 캠프의 민주당 인사 9명, 사업가 김모씨의 자 등 20여 곳을 압수수색하였다.

그러자 그다음 날인 13일. 이성만 의원은 "어떠한 사실 확인 요청이나 사전 조사 없이 들이닥친 황당한 압수수색에 강한 유감을 표한다", "야당 의원을 뒤져서 무엇이 발견되길 기대했는지 혹은 기획했는지 모르겠다", "이정근 전 위원장과 관련하여 그동안 보도된 의혹들과 저는 전혀 관련이 없으며 사실무근"이라는 등 강력하게 반발하였다.

윤관석 의원도 "다른 상황에서 다른 취지로 한 발언을 상황과 관계없이 마치 봉투를 전달한 것처럼 단정해 왜곡했다", "사건 관련자의 일방적인 진술에만 의존해 무차별적으로 이뤄진 검찰의 무리한 수사는 명백한 야당탄압", "국면 전환을 위한 검찰의 정치기획 수사" 등이라며 더욱 거세게 반발하였다.

송영길 전 대표 역시 "먼저 이정근 전 사무부총장의 개인적 일탈행위를 감시 감독하지 못했던 것에 대해서 당시 당대표로서 도의적 책임을 느낀다"라면서도 "왜 그걸 다 묶어 놨다가 어제 이정근 1심 판결 선고 때맞춰 그러는가, 미국 정부의 대한민국 대통령실 도청 사건을 비롯한 정치적 수세에 몰리니까 국면을 반전시키기 위해서 검찰이 정치적 행위를 하는 것 아니냐"라고 반발하였다.

하지만 각 언론을 통해 이정근의 핸드폰 내용이 언론에 공개되면서 상황은 급변하기 시작하였다.

먼저 강래구와 이정근의 통화 내용이다.

강래구 "관석이 형이 '의원들을 좀 줘야 하는 거 아니냐' 나한테 그렇게 얘기하더라고."

이정근 "윤관석 오늘 만나서 그거 줬고, 그 이렇게 봉투 10개로 만들었더만.", "아니 모자라면 오빠 채워야지. 무조건 하는 김에 다 해야지..."

강래구 "아니 거기 돈 있는데"

이정근 "거기다 뭐 다섯 개 줬다며"

강래구 "아니, 그러니까. 그러니까"

이정근 "웅웅. 뭐 저도 쓸 거 아닌가요. 저도 오늘 뭐 강남에 뭐 누구도. OO 이러고."

강래구 "아니, 그래도 그거 한 번 얘기해봐야죠. 왜냐하면 또... 갑자기 윤관석이 형이 '마지막으로 의원들을 좀 줘야 되는 거 아니냐' 나한테 그렇게 얘기하더라고'"

이정근 "의원들?"

강래구 "응. 왜냐하면 지금 홍 의원 쪽에서도 뿌리니까. 의원들을 그래서 고민, 고민하고 있고요 뭐... 필요하다면 뭐 돈이 최고 쉬운 건데 뭐"

이런 대화 내용도 있었다.

강래구 "관석이 형이 꼭 돈을 달라고 하면 돈 1000만원 주고.", "저녁 먹을 때쯤 전화 올거에요. 그러면 10개 주세요. (윤관석한테)"

윤관석이 이정근에게 요청하는 통화 내용도 공개되었다.

윤관석 (이정근에게) "나는 지금 여기 앞에 OOO에서 의원들하고 약속 있어서 나가는 중인데. OOO 앞으로 와"

윤관석 (이정근에게) "응, 내가 그게 다섯 명이 빠졌더라고. 안 나와 갖고. 오늘 빨리. 그래야지 회관 돌아다니면서 만나서 처리하거든."

윤관석 (이정근에게) "그래서 우리 했던 A나, B나, C나, D나. 둘은 또 호남이잖아."

윤관석 (이정근에게) "나는 인천 둘하고 ○○이는 안 주려고 했는데 애들이 보더니 또 '형님 기왕 하는 김에 우리도 주세요' 또 그래 가지고 거기서 세 개 뺏겠어."

강래구가 이정근에게 말하는 통화 내용도 공개되었다.

강래구 (이정근에게) "세테이블 정도 하면 12명이면 충분하잖아. 사실은 그 날 돈 100만 원씩이라도 봉투 하나씩 만들어주면 좋은데. 한 돈 1000만 원만 줘라. 그날 ○○○들 오면 100만 원씩이라도 봉투에 넣어서 조용히 주고 싶다."

강래구 (이정근에게) "아, (이성만이) 비용 준다고? 받으면 50만 원씩만 정리해서 50만 원씩 봉투를 나한테 만들어서 줘."

이정근과 강래구의 통화 내용에는 송영길이 개입한 정황도 담겨 있었다.

이정근 "송영길 전 대표가 '(강)래구가 돈 많이 썼냐'고 (나에게) 묻더라."

강래구 "내가 그 얘기도 했어. (이)성만이 형이 좀 연결해줘서 그거 좀 나눠줬다. 그렇게 얘기를 했어. 내가. (송)영길이 형한테",

이정근 "우리는 왜 저번에 왔을 때 강(래구) 감사님께서 이렇게 신나게 주셨잖아. 그러면 우리는 이제 됐으니까 그냥 이제 더 안 해도 되는 건가?"

강래구 "(송)영길이 형한테 물어보고. 아직도 (전당대회까지) 20일 정도가 남아 있는 거 아니에요. 그러니까 뭐 막판에 스피치 낼 때 한 번씩 더 해가지고..."

강래구 "(선거를 돕는) 누구 얘기를 하길래 '참 열심히 하네요' 그랬더니만 (송)영길이 형이 그러더라고., 이OO는 뭐 이OO 많이 해줬어. 이OO. 어."

이정근 "아 그래? 송영길 의원이? 어 잘했네. 근데 그걸 누구를 얼마를 줬냐 이런 것까진 몰라도 되겠지만 누구는 좀 했다 정도는 알아야 우리가 그래야 (중복해서 주지 않고) 되지 않겠나?"

강래구 "모르는 게 가장 좋은 거고, 우리는 우리대로 그냥 하는 게 좋은 거 같아요"

송영길은 "모르는 일"이라고 잡아떼지만, 송영길과 이정근의 통화 내용도 공개됐다.

이정근 "그렇게 신경 안 쓰셔도 돼요. 아니 그다음에 그거 나중에 저기 하나 주면 돼. 윤관석 당직? 그런 거야 뭐 하나 찾아보면 되니까."

송영길 "OO이하고 OO이하고 셋이 팀워크를 잘 맞춰서, OOO가 밤에 전화 와가지고 욕이란 욕은 다 퍼부어가지고 그냥. 잠을 설쳤네. 이제 와서 충성부대를 만들어서..."

이정근 "백업하는 군단을 내가 오늘부터 만들게. 뭐든 다 의논하고."

송영길 "예, 알았어요."

검찰은 이 같은 통화 내용 외에도 관련자들의 진술을 확보한 것으로 알려졌다.

실제로 검찰이 강래구를 소환조사한 결과, 강래구가 "대전의 사업가들로부터 돈을 조달했다"고 진술했다고 한다.

검찰은 강래구가 상임감사의 직위를 악용해 여러 기업에게 돈을 갈취한 것으로 추정했고, 사업가 박씨가 강래구에게 돈을 내야 했다는 진술도 확보하였다.

특히 이정근 전 더불어민주당 사무부총장이 2021년 전당대회를 앞두고 무소속 윤관석 의원에게 전달한 돈봉투 액수가 개당 '100만원 이상'이었다고 법정 진술하였다.

또 전당대회 준비 초반부터 돈 봉투 전달 계획을 이야기했다는 취지의 증언도 하였다.

이정근의 돈 봉투 액수가 개당 100만원 이상이었다는 진술은 앞서 돈 봉투를 받은 사실은 인정하지만, 검찰 공소사실의 '봉투당 300만원'이 아니라 100만원이었다는 윤관석 의원 주장과는 배치되는 진술이다.

이씨는 지난 10월 23일 서울중앙지법 형사합의21-2부(김정곤 김미경 허경무 부장판사) 심리로 열린 민주당 전당대회 돈봉투 의혹 사건 공판에 증인으로 출석해 돈봉투 전달 과정을 설명하며 이같이 증언하였다.

이씨는 2021년 4월27일 송영길 전 대표 보좌관인 박용

수 씨로부터 정리된 돈 봉투 10개가 담긴 쇼핑백을 받았다고 하였다.

당시 그는 5만원짜리가 담긴 봉투 안을 살짝 들여다봤는데, 이 안에는 최소 100만원 이상이 들어있었을 것으로 보인다는 취지의 진술을 하였다.

이씨는 "구체적인 액수까지 확인한 것은 아니지만, 검찰 조사 때 돈 봉투 두께 테스트를 했을 때 확실히 100만원은 넘었던 것으로 기억한다"고 하였다. 앞서 그는 검찰에서도 "100만원보다는 확실히 많고 500만원보다는 적다"고 진술한 것으로 알려졌다.

당시 전달된 액수를 둘러싸고 박씨는 공소사실대로 300만원 돈봉투 10개(총 3천만원)를 이씨에게 전달했다고 시인했지만, 윤 의원은 받은 사실을 인정하면서도 액수가 100만원(총 1000만원)이라고 주장하고 있다.

이씨는 검찰이 '배달사고' 가능성을 묻자 "액수가 달랐다면 어느 한쪽에서든 난리가 났을텐데 모두 만족했다"라며 "마련한 사람(박용수)도 오케이, 받아 간 사람(윤관석)도 오케이, 전달하라고 지시한 사람(강래구 전 한국수자원공사 상임감사위원)도 오케이를 했다"라고 말하였다.

이씨는 전당대회 준비 초반부터 돈 봉투 살포 계획을 얘기했다' 라는 취지로 증언하기도 하였다.

이씨는 "제가 (송영길) 캠프에 출근하기 전이나 초기쯤에 강씨가 자신의 동네 빵집에 저를 포함해 캠프 관계자 4명을 불러 '너는 돈을 어떻게 내고' 등의 이야기를 했다"라며 "(그때도) 이미 강씨가 돈을 이렇게 만들어서 이렇게 사용하겠다고 말한 상태였다"라고 말하였다. 그러면서 "처음부터 강씨가 '누구는 100만원씩, 누구는 50만원씩 주자'고 얘기를 했었다"라고 전하였다.

법정에선 윤관석 의원이 현역 의원들에게 뿌려진 돈 봉투에 대해 "보관만 했다"는 취지로 주장하자 이정근 전 사무부총장은 "비겁하다"고 반박하였다.

지난 10월 30일 서울중앙지법 형사합의21-2부(부장판사 김정곤·김미경·허경무) 심리로 열린 윤관석과 강래의 정당법 위반 혐의 공판에서 벌어진 일이다.

당시 윤 의원 측은 윤관석의 역할이 돈 봉투 흐름 중에서 '보관'에 한정된다고 주장했다. 즉 돈 봉투 살포를 주도하지 않았다는 취지의 주장이다.

재판부는 "어차피 국회의원들에게 갈 돈이었는데 보관 주체만 박씨, 증인(이씨), 윤 의원 등으로 바뀌었다는 것"이라고 변호인의 주장을 정리하였다.

이에 대해 이정근은 한숨을 쉬며 "좀 비겁한 것 같다"며 "강래구(전 한국수자원공사 상임감사위원)에게 듣기에 윤 의원이 다른 의원들에게 돈을 주자고 하니 준 것으로 알고 있다"고 했다. 윤 의원이 주도적인 역할이었다고 반박한 것이다.

또, 윤 의원은 돈 봉투의 성격이 '매표'가 아닌 '감사 표시' 성격이라는 점을 직접 강조하기도 하였다.

윤 의원은 돈 봉투가 의원들에게 배포된 시점인 2021년 4월 28~29일에 대해 "(경선) 막바지 시점"이라며 "이미 지지를 표명한 사람들이 많아서 '오더'(지역 대의원들에게 송영길 전 대표를 찍어달라고 하는 요청)가 필요 없었다"라고 주장하였다.

이어 "의원들이 100만원이나 300만원을 주면 오더를 바꾸겠나"라고 했다. 이는 윤 의원이 '의원들에게 금품을 제공할 테니 돈을 달라'라며 지시·권유·요구했다는 검찰의 주장을 반박하는 취지다.

그러자 검찰은 돈 봉투 살포 이후인 2021년 4월29일 윤 의원이 민주당 의원들에게 보낸 카카오톡 메시지를 제시하며 재반박하였다.

당시 카톡에서 윤 의원은 '리드하고 있으나 (경쟁 후보가) 턱밑까지 쫓아왔다는 보고가 있으니 마지막까지 최선을 다해 달라. 조직 독려를 한 번 더 해달라'고 요구한다. '감사 표시'가 아니라는 것이다.

이정근은 윤관석으로부터 돈봉투를 받은 것으로 의심하는 현역 의원 명단도 일부 언급하였다.

검찰은 2021년 4월28일 윤 의원이 이 전 부총장에게 "인천 둘 하고 종성이는 안 주려고 했는데 '형님, 우리도 주세요'라고 해서 3개 빼앗겼어"라고 말하는 녹취록 내용에 대해 물었다.

검찰이 "여기서 '인천 둘'은 이성만 · 허종식 의원, '종성이'는 임종성 의원이 맞느냐"고 질문하자 이 전 부총장은 "네"라고 답하였다.

이 전 부총장은 "인천에서 송영길 전 대표를 지지하는 사람으로 회의 나왔던 사람이 그 둘(이성만 · 허종식)이니 맞을 것"이라고 설명하였다.

검찰은 또 녹취록에서 윤 의원이 "다 정리해버렸는데 모자라"라며 이용빈 · 김남국 · 윤재갑 · 김승남 의원을 거론하자 이 전 부총장이 "거기 다 해야지. 오빠, 호남은 해야 돼"라고 답하는 내용도 공개하였다.

검찰이 1차 전달 현장에 없어 미처 돈봉투를 교부하지 못한 이용빈 · 김남국 · 윤재갑 · 김승남 의원에게도 주는 게 맞다는 취지냐고 묻자 이 전 부총장은 "네"라고 답하였다.

다만 이 전 부총장은 이들에게 실제로 돈봉투가 전달됐는지까지는 알지 못한다고 증언하였다.

이에 따라 검찰이 11월 2일 압수수색에 나서는 등 더불어민주당 '전당대회 돈봉투 의혹'에 대한 수사 엔진을 재가동했다. 이정근 전 민주당 사무부총장 재판에서 '금품 수수' 의혹을 받는 국회의원들의 실명이 거론되는 상황에서 검찰이 수사 범위를 확대하고 있어 이르면 이달 중 송영길 전 민주당 대표에 대해 소환조사하는 등 수사 칼날이 '정점'으로 향할 수 있다는 관측이 나온다.

서울중앙지검 반부패수사2부(최재훈 부장검사)는 이날 임종성·허종식 민주당 의원의 주거지, 의원회관 사무실을 압수수색하였다. 정당법 위반 혐의다. 검찰은 해당 혐의를 두 의원에 대한 압수수색 영장에 명시하면서 이들이 당 대표 경선을 앞둔 2021년 4월 28일 국회 본관 외교통상위원회 소회의실에서 무소속 윤관석(구속 기소) 의원으로부터 송 전 대표에 대한 지지를 독려해달라는 명목으로 300만원을 받았다고 적시한 것으로 전해졌다. 캠프 관계자들에 대한 자금 살포 과정에 관여한 혐의로 앞서 조사를 받았던 무소속 이성만 의원을 제외하고, 돈봉투 수수 의혹에 대한 본격 수사가 이뤄진 건 처음이다.

검찰이 금품수수 의혹을 받는 의원에 대해 강제 수사에 착수하는 만큼 향후 수사가 본궤도에 오를 수 있다는 관측에 힘이 실린다.

그동안 검찰은 증거물과 국회 압수수색으로 파악한 의원들의 동선 등을 교차 검증하며 구체적인 돈봉투 전달 경로를 추적하고, 수수자를 특정하는 작업을 이어왔다. 이 과정을 통해 검찰이 금품수수 의혹을 받는 일부 의원을 특정하고, 압수수색 등 강제 수사를 시작할 만큼 그 범위가 조만간 한층 확대될 수 있다는 얘기다.

이정근이 본인 재판에 증인으로 나서 증언까지 쏟아내고

있는 점도 이를 뒷받침한다.

　앞서 검찰은 당시 송영길 전 대표를 지지한 '국회의원 모임' 관련 실무를 담당한 전직 비서를 압수수색한 바 있다.

　지난 8월 17일 오전 검찰은 송 전 대표의 비서를 지낸 양 모씨의 주거지에 검사와 수사관을 보내 국회의원 모임 일정과 관련된 준비 자료와 양씨의 휴대전화 등을 확보하였다.

　검찰은 2021년 4월 28일 국회 외교통상위원회 소회의실에서 돈봉투 10개가 살포된 것과 관련해 수수 의원 특정 작업 보완차 양씨에 대한 압수수색에 나선 것으로 전해졌다.

　검찰 관계자는 "수수의원 특정을 보다 면밀하게 하고 증거를 보강하기 위한 차원"이라며 "양씨의 구체적인 역할보다는 수수자 특정과 관련한 자료 등에 대한 압수물이 보강돼야 할 상황이 확인돼 압수수색을 집행했다"라고 설명하였다.

　이에 송 전 대표는 변호인을 통해 입장을 내고 "참으로 치졸하고 비겁한 정권과 검찰"이라며 "비겁한 수사로 주변 사람만 괴롭히지 말고 나 송영길을 소환하라"고 반발하였다.

　이어 "압수수색을 한 의원실 전 비서는 전당대회 당시 의원실 막내 비서"라며 "의원실에서 온라인 게시물 디자인을 주 업무로 한 20대 비서가 도대체 돈봉투 사건과 무슨 관련이 있다고 압수수색까지 하며 괴롭히는 것이냐"라고 비판하였다.

이런 상황에서 검찰이 송 전 대표의 외곽 후원조직인 '평화와 먹고사는문제연구소(먹사연)' 이사장까지 참고인 신분으로 소환하였다.

서울중앙지검 반부패수사2부(최재훈 부장검사)는 10월 20일 오전 김윤식 먹사연 이사장을 참고인 신분으로 불러 조사하였다.

검찰은 김씨를 상대로 먹사연에 유입된 자금 전반 등을 확인할 것으로 알려졌다.

검찰은 먹사연이 송 전 대표 경선캠프의 불법 후원금 조달 창구역할을 한 것으로 의심하고 있다. 검찰은 돈봉투 의혹 사건을 수사하던 중 박용하 전 여수상공회의소 회장이 먹사연에 3억원대 불법 후원금을 건넨 정황을 포착하였다.

또 사업가 송모씨가 민주당 전당대회 당시 송 전 대표 경선캠프 실무자들의 식비를 대신 결제했다는 의혹도 수사 중이다.

송씨는 "송 전 대표 캠프가 아니라 먹사연 직원들에게 밥을 산 것이다. 정치자금이 아니다"라고 주장했지만, 검찰은 대납 경위와 전후 사정, 대가 관계 등을 들여다보고 있다.

여기에 송영길 전 대표가 박 전 회장 측으로부터 폐기물 소각시설 확장 등과 관련된 인허가 문제를 해결해 주는 대가로 약 4000만원의 뇌물을 받았다는 의혹도 수사를 이어가고 있다.

특히 검찰은 이 과정에 국토부 출신으로 민주당 정책위원회 수석전문위원을 지낸 김모씨가 개입한 것으로 보고 송 전 대표와 김씨의 자택을 압수수색하기도 하였다.

송 전 대표는 강력히 혐의를 부인하고 있다. 그는 지난달 압수수색 당시 "박 전 회장의 회사가 먹사연에 얼마를 후원했다는 것도 검찰 수사 과정에서 처음 알았다"며 "검찰이 지목한 소각장이 무엇인지도 모른다"고 반발하였다.

특히 그는 11월 3일 서울중앙지검에 수사심의위원회 소집 신청서를 제출하였다.

송 대표 측이 공개한 19쪽 분량의 의견서에는 "최초 압수수색이 7개월 지났는데 소환조사를 못한 지지부진한 수사"라며 "검찰은 수사 방향을 전환해 먼지떨이식 별건 수사를 진행하고 있다"라는 주장이 담겼다.

송 전 대표 측은 "형사소송법이 금지한 '별개의 사건', '관련 없는 사건'에 대한 위법 수사"라며 "연구소 후원금 내역은 돈봉투 수사에서 발견한 것으로 적법한 절차가 아니다"라고 주장하였다. 이어 "설령 후원금 관련 의혹이 (별건 수사 가능한) 대상에 해당되더라도 본건을 수사 중인 서울중앙지검 반부패수사2부가 아닌 다른 부서에 배당됐어야 한다"고 지적하였다.

앞서 검찰은 지난 4월 돈봉투 의혹과 관련해, 지난 9월엔 정치자금법 위반 및 뇌물 혐의와 관련해 송 전 대표를 두 차례 압수수색하였다. 송 전 대표의 외곽 조직 '먹고사는문제연구소' 입출금 내역을 토대로 3억원대 불법 정치자금 수수, 그리고 인·허가 관련 부정청탁과 함께 금품을 받은 정황을 파악했기 때문이다. 검찰 관계자는 "본류 수사 과정에서 추가 혐의가 나왔고, 법원에서 적법하게 압수수색 영장을 발부 받았다. 범죄 혐의점이 있으면 수사하는 게 당연하다"라고 말하였다.

검찰 수사심의위는 2018년 문재인 정부가 만든 제도다. "논란이 있는 검찰 수사는 외부 의견을 반영하겠다"는 게 도입 취지였다. 수사심의위 운영지침을 보면, 사회적 이목이 집중되는 사건에 대해 ▲수사 계속 여부 ▲공소제기 또는 불기소 처분 ▲구속영장 청구 및 재청구 등 사건 처리 방향 전반에 관여할 수 있다. 다만, 수사심의위 자체 결론을 검찰이 의무적으로 따를 필요는 없고 "검찰총장은 수사심의위 의견을 존중해야 한다"는 권고 규정만 있다.

그런데도 송영길이 수사심의위원회 소집 신청서를 제출한 것은 여론을 다른 곳으로 돌리려는 시도이자 수사지연을 위한 것이라는 비판이 나온다.

황병열의 회초리

2021년 민주당 대표 등 지도부를 선출하기 위한 전당대회 당시 돈 봉투가 살포됐다는 이른바 '쩐당대회' 의혹이 정치권을 강타하는 모양새다.

공개된 이정근 전 민주당 사무부총장의 진술과 공개된 육성 육성녹음을 보면 한두 명의 개인적 일탈이 아니라 조직적으로 돈을 살포하고 받은 정황이 너무나 뚜렷하다.

애초 검찰의 '국면전환용 기획 수사'니 '야당 탄압'이니 하며 길길이 날뛰던 민주당이 태도를 바꿔 이재명 대표가 공개적으로 사과할 수밖에 없었던 것은 그런 연유다.

21세기에 20세기의 후진적 '고무신 선거'와 같은 일이 벌어진 것이다. 참으로 낯뜨거운 일이 아닐 수 없다.

이번 사태를 계기로 소위 민주화 운동을 했다는 386세대 정치인들의 도덕성은 치명상을 입었다. 송 전 대표는 386의 대표 주자로 꼽혀 왔으며, 돈 봉투 연루설이 제기되는 의원들 대부분이 86세대이기 때문이다.

86그룹의 맏형으로 불리는 우상호 민주당 의원도 반성하는 모습을 보이기는커녕 되레 도·감청 사건을 덮으려는 의도로 급하게 꺼내 든 국면전환용 수사로 의심된다며 검찰을 몰아세웠다.

심지어 86 정치인으로 꼽히는 김민석 민주당 정책위의장은 '민주당 2021년 전당대회 돈봉투 사건'과 관련해 탈당을 결정한 송영길 전 대표에 대해 "물욕이 적은 사람"이라며 자신이 보증한다고 두둔하기도 했다. 86 동지애를 유감없이 발휘하는 그의 모습이 뻔뻔하기 그지없다.

도덕적 우월성을 앞세워 정치권에 진입한 86그룹이 기득권 세력이 되면서 기존의 정치인들보다 더욱 구태 정치인이 되었다는 비판이 나오는 이유다.

이제는 이런 구태 86세대들을 정치권에서 추방해야 한다는 목소리가 점차 커지고 있다.

사실 현재 정치권에 남아 있는 86 정치인은 학생운동 대표세력이 아니라 정치 지향적 소수 운동권 가운데 적응력이 뛰어난 극소수에 불과하다.

진정한 86세대 주역은 대다수 무명의 학생들이었다. 그들은 난무하는 최루탄과 심지어 직격탄의 위험을 무릅쓰고 시위의 선두에 섰다가 체포되고, 강제연행과 고문 구타 등으로 평생 병마에 시달리기도 했다.

개중에는 이름 없이 죽어간 친구도 있었고, 이름은 남겼으나 가족들이 고통을 겪는 친구도 있었다.

군이 거론하자면 그들이야말로 86세대의 진정한 '영웅'이라고 할 수 있을 것이다.

그런데 그들보다 정치권에 진입해 다선 의원이 된 86 정치인들이 마치 86세대의 대표라도 되는 듯 거들거리고 있으니 분노가 치미는 것이다.

국회의원은 청렴의 의무가 있다. (대한민국 헌법 46조 1항)

국회의원은 청렴하게 살아야 할 헌법상 의무가 있으며, 이를 준수하겠다는 선서까지 한다.

2021년 민주당 전당대회 돈봉투 사건은 이런 의무를 망각한 범죄로 국민의 질타를 받아 마땅하다.💬

제**4**장

김남국의 '코인투기'

김남국의 '코인투기'

김남국이 국내 게임 회사 위메이드가 만든 위믹스 코인을 보유했던 사실이 만천하에 드러났다. 김남국이 2022년 1~2월에 모 가상화폐 거래소에 등록된 자신의 '가상화폐 지갑'에 위믹스 코인 80만여 개를 보유했다는 언론 보도가 나온 것이다.

사실 암호화폐의 매수·매도 자체는 법적으로 문제가 될 건 아니다. 누구나 투자자산을 살 때는 현금 차익을 목적으로 매수하고 또 현금을 얻기 위해 매도하기 때문이다. 같은 의미로 암호화폐를 보유하고 있다는 사실 자체는 법적으로 문제가 되지 않았다.

그런데 이 문제를 확대한 건 김남국 자신이었다.

김남국은 지금까지 상경한 이후 월 100만을 벌게해달라고 기도했다거나, 매일 라면을 먹는다거나, 구멍난 운동화를 아까워서 신고 다니는 등의 서민적인 정치인 이미지를 구축했기 때문에 이 사건은 일파만파로 번졌다.

보도에 따르면, 위믹스 코인은 주로 작년 1~2월 대량 유입됐으며, 위믹스 코인은 2022년 2월 말에서 3월 초 사이에 전량 인출되었다.

가상화폐 정보 사이트 코인마켓캡에 따르면, 위믹스 코인 개당 가격은 2021년 11월 약 2만 5000원으로 최고가를 기록했다. 당시 김남국이 보유했던 위믹스의 가치는 최고 60억 원대였다고 한다. 2022년 1~2월 김남국은 약 80만의 위믹스 코인을 보유했던 것으로 알려졌는데, 이 당시 위믹스 코인의 가격은 최저 4900원에서 최고 1만 1000원 사이를 오갔다.

그런데 그게 전부가 아니었다.

클레이스왑이나 비트토렌트, 그리고 기타 잡코인에 투자했다는 사실들은 검찰의 조사가 착수되고 나서야 알려졌다.

실제로 그는 2021년에 LG디스플레이 주식을 매도한 약 10억원의 금액으로 업비트에 상장된 비트토렌트에 투자했다. 비트토렌트는 2021년 2월 암호화폐 불장 당시 업비트에서 가장 핫했던 코인으로 최대 60배(0.3원18원) 정도의 어마어마한 상승률을 보여준 코인이다.

결과적으로 김남국은 비트토렌트를 매수·매도하여 10억을 40억으로 만든 것으로 보인다.

그리고, 정확한 시점은 알 수 없으나 2021년 중 40억원의 현금을 빗썸으로 옮겨 위믹스에 투자하였다. 이 시절 위믹스는 P2E 게임에 대한 기대감과 게임사 중 꽤 큰 규모의 기업인 위메이드에서 만든 코인이라는 점이 주목받아 높은 상승률을 보였다. 김남국의 위믹스는 현금가치가 대략 100억원 남짓까지 올라갔으나, 그는 고점에서 현금 매도하지 못했고, 보유하던 위믹스를 2022년 업비트와 클립으로 나누어 옮기게 된다.

이후 김남국은 클레이스왑을 이용해 위믹스와 클레이페이라는 잡코인을 교환했다. 이때, 위믹스의 가치는 30억원 정도였기에 당시 그 정도 시세대로의 클레이페이(59만개)를 받았는데, 결국 클레이페이는 제작사가 도망간 스캠 프로젝트로 밝혀지며 김남국의 30억원은 4700만원으로 폭락하였다.

이에 대한 김남국의 대응이 문제를 키웠다.

그는 초반부터 "법적으로는 문제없다, 나는 암호화폐 투자로 손해를 봤다, 이득은 없었다"라는 식으로 해명을 했지만, 애초에 적법성 여부를 떠나 김남국이 투기성 행위로 얼마의 차익을 거두었는지에 초점이 맞춰진 데다가 해명에도 계속 모순되는 점이 발견되면서 논란이 확대된 것이다.

실제로 5월 8일, 김남국은 자신의 코인 투자 내역을 일부 공개했다. 김남국은 2021년 1월 13일 보유 중이던 LG 디스플레이 주식 전량을 매도하여 9억 8000만 원이 발생했으며, 해당 금액을 가상화폐 초기 투자금으로 사용했다고 했다. 가상화폐 거래는 실명 계좌만 이용했다고 강조하기도 하였다.

하지만, LG 디스플레이 주식을 전량 매도했다는 2021년 1월 13일 최저 주가는 2만 300원이었다. 최저 주가 2만 300원에 5만 675주를 팔았다면, 10억 2870만 원의 예수금이 발생했어야 한다. 김남국이 발표한 매도 금액과 약 4295만 원 차이가 있다. 김남국은 2021년 1월 13일 발생한 예수금을 정확히 확인해달라는 질의에는 "입장문 내용 그대로다. 1월 13일 이전에 1만 9500원에 매도했고, 약 9억 8574만 원이 입금됐다"고 해명했다. 또 김남국은 이체 내역이 아닌 주식 거래 내역을 공개해달라는 요청에 "거래 내역을 공개해드릴 순 없다. 매도 일자도 알려드릴 순 없다. 그냥 믿어달라"라고만 하였다.

김남국이 가상화폐 수익으로 투자 원금에 해당하는 9억 8000만원을 회수하였고, 이 가운데 8억 원을 전세 계약 자금에 활용한 것으로 확인되었다. 현행법상 공직자가 가상자산 보유 내역을 밝힐 의무는 없지만, '코인 원금 회수'로 불린 예금을 '보유 주식 매도 등'으로 뭉갰다는 점에서는 도덕성 문제가 제기될 수 있다.

김남국의 초기 투자 자금도 의문투성이다.

김남국은 2022년 1월~2월 중 위믹스 127만개를 보유하고 있었던 것으로 보인다. 문제는 이것을 어디서, 어떻게 얻었는지 설명을 전혀 하고 있지 않다는 점이다. 2022년 1월부터 3월까지 빗썸 지갑에서 업비트·클립 지갑으로 백만 개가 넘는 위믹스가 입금된 것이 사실인데, 이걸 샀다면 언제, 무슨 돈으로 샀고 얼마의 현금차익을 얻었으며, 받았다면 누구에게 받았는지가 사람들이 궁금해하는 점인데 이 점에 대해서는 전혀 언급하지 않고 있다.

다만 그는 "가지고 있던 전세가 만기가 도래해서 전세 자금 6억을 가지고 LG 디스플레이에 투자한 것"이라면서 이후 주식 매도 수익을 가상화폐 초기 투자 자금으로 활용했다고 설명하였다.

그리고 "전세 자금을 뺀 후엔 안산에 이사해 월세로 살고 있었다"고 했다. 그는 "2016년 2월경부터 그 당시에 지인의 추천으로 그때 당시에 8천만 원 정도를 이더리움에 투자했다"라면서 위믹스 논란 이전부터 가상화폐에 투자했었다고 하였다. 당시 변호사 일을 하고 있었을 때였기 때문에 '내돈내투'(내 돈으로 내가 투자)한 것이라고도 하였다.

김남국의 서민적 이미지와는 달리 현실적으로 상류층인 변호사라는 직업을 가지고 있었으니만큼 크게 이상한 점은 없어 보이지만, 공직선거 후보자 납세자료에 의하면 김남국의 변호사 시절 5년간 소득이 연평균 7450만원 안팎에 불과하였다.

김남국 의원이 초기 투자금이나 코인을 누군가로부터 받은 것은 아닐까 의심이 가는 대목이다.

김남국은 가상화폐는 거의 현금화하지 않았다는 취지로 해명했으나 이마저도 믿을 수 없게 되었다.

김남국 의원실은 2022년 1~2월에 현금화하지 않았고 거래소를 옮긴 것이며 대부분 지금도 가상화폐로 보유하고 있다고 밝혔다.

김남국은 자신의 페이스북 게시글에 인출 내역을 인증하면서 "ATM 출금 내역을 확인한 결과 대통령 선거일 전후로 해서 2022년 1월부터 3월 말까지 3개월 동안 인출한 현금은 총 440만 원이었다"라고 하였다.

이런 해명에도 논란이 계속 커지자 김남국은 "지난해 2월 전세 보증금을 마련하기 위해 그 무렵 약 8억 원을 가상화폐 거래소에서 은행에 이체했다"라고 밝혔다.

암호화폐 거래에서의 현금화라는 단어를 칭할 때 ATM을 통한 인출, 즉 지폐로 바꾸는 것만 현금화라고 하진 않는다. 내가 1비트코인을 가지고 있는데 그걸 3000만 원에 매도하고 바로 원화 출금이 가능한 상태로 만든다면 그것도 일종의 현금화다. 하지만 김남국은 ATM에서의 현금화만 언급하다가 이게 지적되니 은행 이체가 8억 원이 있었다고 설명한 셈이다.

이해충돌 해당 여부도 관심사다.

주식 등의 자산은 관련법의 발의나 관련 상임위의 직책을 맡는 경우 보유 주식을 전량 처분하거나 백지 신탁을 하여야 한다. 그런데 코인을 비롯한 가상자산의 경우 입법이 되지 않았으므로 이를 자산으로 보지 않기 때문에 그럴 필요가 없다.

한마디로 고위 공직자이자 입법의 권한을 가지고 있는 국회의원인 김남국 자신이 발의한 법안이나 발언을 이용해 코인 투자를 했더라도 법적으로는 이해충돌에 해당하지 않는 것이다.

그러나 국민의 법감정이나 상식선에 비춰 볼 때 이는 명백한 이해충돌이다.

특히 2021년 4월 김남국은 자신이 코인 투자를 하고 있을 때 이해충돌방지법 제정안에 대해 "미공개 정보라는 판단이 없는 상태에서 미공개 정보를 받아 그냥 어떤 이익을 취득하는 그런 경우도 있을 수도 있다"라며 국회의원 같은 공직자가 미공개 정보인 줄 몰랐다고 주장하면 처벌을 받지 않도록 의견을 표해 문구가 수정되는 일이 있었다. 당시 같은 당 소속인 소병철 의원이 "이미 취득 경위를 공직자로 한정을 해 놓았는데 '알면서' 라는 조건도 넣어 버리면 수사기관이 처벌하는 경우가 사실상 없어진다"라며 김남국의 의견에 대해 우려를 표했었다.

결과적으로 김남국 의원이 제정한 법안이 자신에게 유리하게 적용된 셈이다.

특히 김남국은 가상자산에 소득세를 물리는 것을 유예하자는 법안을 공동 발의한 적이 있다. 본인이 이익을 볼 수 있는 법안을 스스로 발의에 참여한 형국이라 이해충돌 논란이 제기됐다.

당시 금융당국은 2022년 1월부터 코인 등 가상자산의 양도와 대여로 발생한 소득을 과세 대상으로 보고 소득세를 부과하기로 했다. 그러나 당시 여당이던 민주당 의원들이 "과세 체계가 충분히 갖춰져 있지 않다"며 가상자산 소득 과세를 1년 유예하는 개정안을 냈으며, 여기에 김남국은 2021년 5월에 가상자산 시장의 위험을 해소하는 내용 등의 법안에 공동 발의자로 이름을 올렸다.

법적으로는 이해충돌이 아니더라도 상식적으로 이는 이해충돌로 보는 게 맞다.

가장 큰 문제는 김남국이 국회 회기 중 900차례에 가까운 가상자산 거래를 했던 것으로 드러났다는 점이다. 국회 자문위는 김 의원의 이러한 행위가 '겸직 금지' 의무를 위반한 수준이라고 보고 의원 제명을 권고하였었다.

국회 윤리자문위는 김 의원의 가상자산 논란과 관련한 조사과정에서 국회 회의 일정과 김 의원의 가상자산 거래 기록을 대조한 결과, 김 의원이 출석한 회의가 열리는 도중 900회가 넘는 가상자산 거래가 이뤄진 것으로 확인했다. 로그 분석을 통해, 주문 건수를 기준으로도 수백 건의 거래가 있었음을 확인한 것이다.

기존에 알려진 거래 횟수는 200여 차례로, 실제로는 이

보다 네 배 이상 많은 수치다.

또 자문위가 김 의원에 대해 제명 권고를 결정한 배경에는 김 의원이 국민을 기만했다는 판단도 더해졌다.

앞서 김 의원은 자신이 가상자산으로 돈을 번 게 아니라 절약을 하고 있다는 점을 여러 번 강조했다.

2021년 6월 22일 유튜브채널 '정치왓수다'에 출연한 김 의원은 "제가 돈을 번 건 비트코인으로 번 게 아니고, 진짜 아끼고 편의점에서 아이스크림 하나 안 사먹고, 차도 지금까지 안 샀거든요"라고 말하였다.

그러나 자문위 조사결과 김 의원은 한때 가상자산 거래소에만 99억의 자산을 가지고 있었던 것으로 드러났다.

김남국 의원을 향한 비판은 민주당에서도 쏟아져 나왔다.

송갑석 최고위원은 페이스북에 "서민의 아픔을 대변하겠다는 민주당의 국회의원이 사적 이익을 얻기 위해 수십억 원에 달하는 코인을 사고팔고 있었다는 사실이 정말 아무 문제가 없는 일이라고 생각하는 건가"라면서 "본질에서 벗어난 발언과 불충분한 해명으로 민주당에 대한 국민 신뢰를 갉아먹는 행위를 중단하라"라고 지적하였다.

박홍근 의원은 "투자 자체가 잘못된 것은 아니지만 의정활동에 집중하지 못하고 그런 코인 투자를 하였다는 것에 대해서 국민의 질타가 있는 것"이라며 "겸손하게 인정할 건 인정하고 또 사과할 건 사과하면서도 사실관계에 대해서는 명명백백하게 밝혀나가는 과정을 밟아 나갔으면 좋았을 것"이라고 비판하였다.

조응천 의원은 "공직자가 어쨌거나 주식이나 특히 코인 같은, 그것도 잡코인 같은 이런 걸로 치부, 그러니까 재산 증식하는 데 뛰어들었다는 것은 입이 열 개라도 적절하지 않다"라고 쏘아붙였다.

그런데도 반성 없는 그의 태도는 여론의 질타를 받았다.

그는 윤리특위 자문에 출석하면서 보유하던 가상화폐를 다 처분할 계획이라고 밝혔으나, 그 후로 정말 처분을 했다는 소식은 없었다.

윤리특위에 성실하게 소명하겠다고 했으나, 막상 윤리특위가 심사를 위해 가상화폐 거래내역 제출을 요구하자, 김남국은 '본인이 보기에' 필요하다고 생각하는 자료만 선별하여 제출하고 윤리특위의 요구를 거부하기도 하였다.

그러면서도 그는 그 무렵 열린 국회 교육위원회에서 교육부장관에게 자료를 제대로 내지 않는다며 윽박지르는 모습을 보여 '내로남불'이라는 비판을 받았다.

또 국민권익위원회의 국회의원 가상자산 전수조사에 다른 야당 의원들은 다 동의했으나 정작 전수조사의 빌미가 된 장본인인 김남국만 동의하지 않아 빈축을 사기도 하였다.

그는 또 페이스북에서 '가상화폐 거래' 논란에 대해 "개인의 민감한 금융 정보와 수사 정보를 언론에 흘린 것은 윤석열 라인의 '한동훈 검찰' 작품"이라며 "윤석열 실정을 덮으려는 아주 얄팍한 술수"라는 황당한 주장을 하는가 하면 "윤석열 정권의 실정을 물타기하고, 언론을 시끄럽게 해서 법원을 압박하겠다는 아주 저열한 술수"라고 말도 안 되는 주장을 펼치기도 하였다.

이에 국민의 분노가 들끓었고, 결국 그는 국회 윤리특위로 넘겨져 제명을 당할 위기에 처했다.

분위기 심상치 않음을 느낀 김남국은 재빠르게 움직였다.

국회 윤리특별위원회 소위원회의 의결을 앞두고 돌연 차기 총선 불출마 선언한 것이다.

그는 표결 당일 오전 페이스북을 통해 "제 징계안에 대해 현재 국회 윤리위에서 심의 중에 있다"라며 "저는 심의 결과와 관계없이 22대 총선에 불출마하겠다"라고 선언하였다.

그러면서 "제 간절한 바람이 있다면 저를 믿고 응원해준 안산시민을 위해 임기 끝까지 책임을 다하는 것뿐"이라고 하였다.

그러자 이에 장단 맞추듯 민주당은 코인 논란을 빚은 김 의원의 제명안 처리를 늦췄다. 징계안 처리 당일 내년 총선 불출마를 선언했기 때문에 민주당 내부적으로 의견을 나눌 시간이 필요하다는 것이 이유다.

코인 논란으로 탈당한 김 의원은 어차피 출마가 사실상 불가능한 상황이다. 총선 전에 복당도 할 수 없다. 민주당 당헌·당규는 자진 탈당하면 1년 이내에 복당할 수 없도록 하고 있다.

이미 코인 논란으로 민주당을 탈당해 무소속 신분으로 차기 총선 당선 가능성이 희박한 상황에서 김 의원의 불출마선언이 어떤 의미가 있느냐는 지적이 당내에서 제기되었다.

지난 대선에서 이재명 민주당 대표의 수행 실장을 맡았던 김 의원의 불출마선언에 당 지도부가 부화뇌동한다는 지적도 나왔다.

특히 이원욱 민주당 의원은 "김남국 의원의 22대 총선 불출마 선언은 21대 김남국 코인 거래사건과는 별개 문제"라며 "당 지도부는 온정주의를 버려야 한다. 지금 이 모습이 바로 내로남불"이라고 질타하였다.

박성민 등 민주당 소속 청년정치인들은 "김남국 의원의 코인 의혹 사실이면 사퇴해야 한다"라고 비판하였다.

하지만, 마이동풍이었다.

민주당의 요청에 따라 징계 소위는 한차례 미뤄졌다.

제명안 처리는 윤리특위 소위, 윤리위 전체회의, 국회 본회의 순으로 진행된다. 첫 단계인 윤리특위 1소위는 국민의힘 3인, 민주당 3인으로 구성돼 있어 민주당의 동의 없이는 김 의원 제명안이 통과될 수 없는 구조다.

그러면 제명안은 한 차례 소위가 늦춰지더라도 처리가 되었을까?

안타깝게도 김남국 의원에 대한 제명안은 8월 30일 국회 윤리특별위원회 소위원회에서 부결되었다.

윤리특위 제1소위는 당일 오후 회의를 열어 김 의원 제명안을 무기명 표결에 부친 결과 찬성과 반대가 각각 3 대 3으로 동수가 나왔다. 윤리특위 소위(6명)는 윤리특위(12명)와 마찬가지로 여야 동수인 만큼 '친정'인 민주당 의원 3명이 모두 반대표를 던져 징계안이 부결된 것으로 보인다.

앞서 국회 윤리특위 자문위는 지난 7월 김 의원 제명을 권고했다. 국회의원 징계는 ▲공개회의에서 경고 ▲공개회의에서 사과 ▲30일 이내의 출석정지 ▲제명 등으로 구성돼 있다. 국회법은 윤리자문위 의견을 윤리특위가 존중하도록 명시하고 있다. 그런데 윤리특위 민주당 의원들이 이를 무시한 것이다.

'일사부재의' 원칙에 따라 소위에서는 김 의원 제명안을 다시 다룰 수 없게 되었다.

불행하게도 코인투기꾼으로 낙인 찍힌 자가 국회의원이 누리는 모든 혜택을 그대로 누리게 된 것이다.

그런데도 민주당에선 여전히 그를 감싸고 옹호하는 목소리가 나온다.

장경태 의원은 "검소하게 사는 것이 죄가 되냐"며 "저도 옆에서 김 의원을 많이 보지만 김 의원은 정말 뜯어진 운동화를 신고 다닌다. 저와 함께 국회에서 3600원짜리, 3800원으로 올랐는데 구내식당에서 밥도 자주 같이 먹는다"라고 김남국을 감쌌다.

　　박찬대 의원은 자신의 페이스북에 성경의 한 구절인 '어찌하여 형제의 눈 속에 있는 티는 보고 네 눈 속에 있는 들보는 생각지 않느냐'는 문구를 올리는 것으로 김남국을 옹호하였다.

　　양이원영 의원은 "코인 투자를 하는 국민이 600만 명이 넘는데 그 자체를 비도덕적이라고 얘기할 건가"라면서, "확인되지도 않은 사실들로 인해서 마녀사냥 하듯 여론재판이 이루어졌다"라고 주장하였다.

　　심지어 황운하 의원은 "검찰이 사냥감을 정한 후 게임하듯 수사권을 남용하고 특정 언론과 협잡해 프레임을 짜서 한 사람을 공격하면 그 사람은 패가망신을 피할 방도가 없다"라며 검찰 탓을 하였다.

황병열의 회초리

국회의원이 표를 얻기 위해 가난한 이미지를 연출할 수도 있고, 자신의 돈으로 주식에 투자할 수도 있다. 그 정도가 지나치지만 않다면 이해할 수 있는 문제다.

하지만 기업의 투자 및 경제 활동과 연동된 주식과 달리, 코인은 순수한 도박판인데 이런 판에 국회의원이 뛰어드는 건 옳지 않다. 투기와 재산은닉이 문제가 아니라는 김 의원의 주장이 지탄받는 건 당연하다.

그런데도 정의구현사제단 소속의 지성용 신부는 "김남국은 법을 어긴 게 아니라 제 돈 갖고 투자한 것뿐이며 이걸 (여권에서) 청년 문제와 위선 프레임으로 엮어 부정 여론을 회복해 보려 하는 것"이라고 김난국의 행태를 옹호했다. 그리고는 "누구든 욕망 없는 자만이 김남국에게 돌을 던져라, 진보는 돈 벌면 안 되나!"라며 김남국을 응원하기도 하였다.

과연 종교 지도자의 말이 맞는지 의심스럽다.

정치지도자와 종교 지도자는 다른 누구보다도 깨끗해야 한다. 깨끗하지 못한 사람이 정치해선 안 된다. 돈과 권력을 양손에 든 떡으로 생각하면 오산이다.

돈에 대한 탐욕이 조금이라도 있다면 정치할 생각을 말

아야 한다. 김남국은 금배지를 달아선 안 되는 사람이다.

그의 코인 매매 행태는 그가 선량한 투자자가 아니라 사실상 전주(錢主)이자 플레이어였음을 잘 보여준다. 김의원의 코인 보유가 문제가 된 것은 단순히 신고하지 않은 자산이 많아서가 아니다. 코인 시장을 통해 돈을 버는 과정이 정치인에게 용인될 수 없다는 데 있다.

코인 매매로 얻는 이득은 거래 상대방의 손해를 의미한다. 1000명이 100만원씩 모아서 한 명을 10억원 부자를 만들어주는 현대판 계가 코인 투자 대박의 본질이다.

그가 국회 윤리특위에 제소된 것은 이런 연유다.

그런데 그의 징계를 민주당이 가로막았다. 국회 윤리특별위원회가 거액의 코인 보유 논란을 일으킨 민주당 출신 김남국 의원의 제명 여부를 결정하려 했지만, 회의 직전 김의원이 총선 불출마를 선언하자 민주당 의원들의 요구로 표결은 뒤로 미뤄졌고 결국 제명안은 부결되고 말았다.

계산된 김남국 불출마에 표결 연기라는 민주당 의원들의 순발력 있는 대응은 마치 짜고 치는 고스톱처럼 유치하게 느껴질 정도다.

결과적으로 민주당은 폭탄 김남국을 끌어안은 셈이다. 그 대가는 가혹할 것이다. 💬

"검수완박(검찰 수사권 완전 박탈)법을 강행 처리하기 위해 탈당했다가 복당한 민형배 의원 사례는 꼼수의 결정판으로 꼽힌다. 지난해 4월 국회법을 무력화하려는 민 의원 탈당에 당내에서조차 "민주주의 능멸"이란 비판이 쏟아졌고, 헌법재판소는 이를 국회법 위반으로 판단하기도 하였다. 그런데도 민주당 지도부는 지난달 민 의원을 1년 만에 복당시키고 말았다"

제5장

민형배의 '꼼수탈당'

민형배의 '꼼수탈당'

지난해 '검수완박' (검찰 수사권 완전 박탈) 입법 과정에서 '위장 · 꼼수 탈당' 논란을 일으켰던 민형배 의원이 최근 민주당에 복당하였다.

이런 가운데 김남국 무소속 의원이 가상자산 거래 의혹으로 민주당을 탈당하자 21대 국회 민주당의 탈당과 복당사가 다시 언론에 회자 되고 있다.

먼저 '가족 보좌진 채용' 논란으로 물의를 빚은 서영교 의원이 지난 2016년 7월 11일 탈당했고 이후 1년이 조금 넘은 2019년 9월 복당하였다.

서 의원은 당 지도부의 자진탈당 권유에 대해 결정을 미뤄오다 자신에 대한 징계를 결정하는 윤리심판원 전체회의를 하루 앞두고 전격 탈당하였다.

김홍걸 의원은 지난 2020년 9월24일 부동산 투기 및 재산신고 누락 논란으로 제명되었으나 법원으로부터 벌금형이 나오자 당선무효형이 아니라며 2023년 4월 26일 복당하게 된다.

양이원영 의원은 부동산 의혹과 관련하여 무혐의로 소명돼 2021년 10월8일 복당했다. 해를 넘긴 지난 2022년에는 검수완박 처리 과정에서 위장 탈당의 의혹을 받았던 민형배 의원이 지난 2023년 4월26일 복당하였다.

이러니 민주당 탈당은 '고리 자르기' 꼼수 탈당이라는 비난이 나오는 것이다.

그중에도 압권은 민형배의 꼼수 탈당 사건이다.

2022년 4월 20일, 그날 대체 무슨 일이 있었던 것일까?

무소속 양향자 의원이 검수완박법에 반대 의사를 표명하자 민형배가 조기의결을 위해서 민주당을 탈당하였다.

여야 이견이 있는 법안은 안건조정위원회를 구성하게 되어 있다. 안건조정위원회에는 여당, 야당 각 3인으로 구성되는데 야당 몫 1명은 비교섭단체가 맡게 되어 있다. 그런데 민주당 소속이었던 당시 박광온 법제사법위원장은 야당 몫 1명을 무소속 의원에게 주겠다고 결정하였고, 이에 민형배는 민주당을 탈당, 무소속이 되어 야당 몫 1인의 조정위원이 된 것이다.

양향자가 검수완박 법안 강행처리에 신중한 태도를 보이자 양향자에게 시키려던 일을 민형배가 하게 만든 셈이다.

결국, 민형배는 2022년 4월 26일 검수완박법 안건조정위원회 무소속 위원으로 참석해 8분 만에 찬성 의결을 통과

시켜 안건조정위를 무력화시키는 데 일조하였다.

이에 따라 민주당과 민형배는 여론의 뭇매를 맞았다.

여야 각 3인으로 논의하라는 것이 안건조정위원회의 본 취지인데 이렇게 되면 여야가 4:2가 되어 제도 자체가 무력화되는 것이기 때문이다.

특히 위장탈당 당사자인 민형배는 "한국의 민주주의를 파괴하는 행위", "유신 시절 날치기와 뭐가 다른가"라는 비판을 받았다.

민주당에서도 비판의 목소리가 쏟아져 나왔다.

이상민 의원은 패가망신하는 길이라고 질책하였다.

특히 민주당이 위장 탈당이라는 꼼수까지 쓰면서 검수완박 법안을 강행 처리한 데 대해 민형배 지역구이자 민주당의 텃밭인 광주에서도 거센 비난이 일었다.

2022년 4월 21일 더불어민주당 비대위원 이소영 의원도 민주당 의원들에게 보낸 친전에서 "민주주의는 결과이기 이전에 과정이며, 목적이 정당할 뿐 아니라 그 수단과 과정도 국민께 떳떳해야 한다"며 "너무나 명백한 편법"이라고 지적했다. 그러면서 민형배의 '위장 탈당'에 대해 "민주정당이길 포기하는 것"이라고 질타하였다.

민주당 박용진 의원도 민형배 탈당은 "명백한 편법"이며 "묘수 아닌 꼼수"라고 비판하였다.

김병욱 의원 역시 민형배 탈당에 대해서 "그동안 우리 당이 비판받아 온 내로남불 정치, 기득권 정치, 꼼수 정치 등 모든 비판을 함축하는 부적절한 행위"라며 "이런 식으론 결코 검찰개혁을 이룰 수 없으며 우리 당이 지금까지 추구해 온 숭고한 민주주의 가치를 능멸할 뿐"이라고 한탄하였다.

그다음 날인 2022년 4월 22일 민주당 공동비상대책위원장인 박지현은 민형배의 탈당에 대해서 "편법을 관행으로 만든 것"이라고 공개 비판하기도 하였다.

민주당과 공동보조를 취했던 정의당도 민형배의 위장 탈당을 강도 높게 비판하였다.

당시 정의당은 "민주당은 한동훈 법무부장관 후보자 지명을 대국민 인사 테러라고 했는데, 민형배 법사위원 탈당을 대국회 민주주의 테러라고 한다면 뭐라고 답할 것이냐"고 쏘아붙였다.

그런데도 민형배는 자신의 '위장 탈당'을 인정하지 않았다.

실제로 법사위원인 조수진 의원이 한동훈 법무부장관 후보 인사청문회 당시 한동훈에게 '위장탈당은 위장전입과 다르지 않은 것이므로 처벌해야 하지 않겠느냐'라고 질문하자 민형배는 발끈해 "제가 뭘 위장탈당을 했습니까. 뭘 위장했습니까. 탈당 안 해놓고 탈당했다고 했습니까. 저는 지금 민주당 소속이 아니예요. 탈당했잖아요. 그런데 위장탈당이라고 해요? 여기가 무슨 언론사 데스크인 줄 아십니까?"라고 역정을 내는가 하면 "어디다 복당 약속을 했다는 말이에요? 봤어요? 확인했어요?"라고 적반하장의 태도를 보였다.

그는 한 방송과의 인터뷰에서 자신을 향해 '위장탈당 · 꼼수탈당'이라는 꼬리표가 달린 것과 관련하여 "정치에서 선동이라고 하는 게 참 무섭다"며 불편한 심기를 내비치면서 "(탈당하는 과정에서) 절차상에 헌법재판소 지적대로 하자가 있었다는 대목을 부정하는 건 아니지만, (위장 꼼수 탈당이라는) 그 말이 나오게 된 배경이 매우 불온하다. 불손하다고 생각한다"고 반발하기도 하였다.

하지만 그의 행보를 보면 '위장 탈당'이 분명하였다.

민주당을 탈당한 무소속 민형배가 뜬금없이 더불어민주당 광산구을 지역위원회의 지방선거 공천장 수여식에 참석했는가 하면, 같은 날 출범한 강기정 당시 민주당 광주광역시장 후보 선대위 공동 상임선대위원장까지 맡고 있었다는 사실이 확인된 것이다.

누가 보아도 '무늬만 무소속'일뿐 민주당 소속 의원으로서의 행보를 보인 것이다.

이에 대해 민형배는 "무소속인 제가 다른 당과 정치 행위를 같이한 건 정당법, 선거법에 저촉되는 것도 아니고 윤리적 문제도 아니다"라고 변명하였다.

더욱 가관인 것은 검수완박 법안의 입법을 강행한 지 한

달도 안 된 시점에서 복당하겠다는 의사를 아주 당당히 말하였다는 사실이다.

실제로 그는 한 언론과의 통화에서 "탈당을 한 행위는 개인적이지만, 사실상 당의 집단적 의지가 반영된 것"이라면서 "당의 집단 의지 관철 시간이 끝나면, 민주당의 정체성을 가진 사람이 복당하는 게 당연하다. 다만 당에 절차라는 것이 있고, 여론이라는 게 있으니 그런 것을 고려해 복당을 요청하면 그때 복당할 수밖에 없는 것"이라고 말하였다.

위장탈당을 한 것도 모자라 빠르게 복당 절차를 진행하고 싶다는 그의 발언은 사회적으로 큰 비판을 받았다.

이런 비난에도 민주당은 결국 그를 복당시키고 말았다.

2023년 4월 26일 오전, 그는 민주당 특별 복당 요청이라는 형식으로 그는 복당하였다. 대다수 민주당 의원들은 환영의 목소리를 냈으나 하필이면 민주당 전당대회 돈봉투 의혹 사건으로 시끄러운 마당에 본인이 복당을 신청한 것도 아니고 민주당에서 특별 복당을 요청한 것이라 일부 민주당 의원은 이에 불만을 표하기도 하였다.

당시 국민의힘은 '이 꼴을 보니 구국의 결단인 양 탈당한 송영길 의원도 곧 복당하겠다'라고 비꼬았다.

민형배는 왜 자신이 복당 신청하지 않고 당에 복당 요청을 요구한 것일까?

이는 탈당 경력 때문에 자신이 다음 해 총선 공천심사 과정 등에서 불이익을 받지 않도록 하기 위한 '꼼수'로 풀이된다.

민주당 당헌 · 당규에 따르면, 탈당 경력자는 공직선거 시 당내 경선에서 득표수 25% 감산을 적용 받는다. 반면 당의 요구로 복당한 때에는 감산 조항을 달리 적용할 수 있다. 바로 그런 점을 노렸고, 민주당의 그의 요구대로 그에게 복당을 요청하였던 것이다.

탈당만 꼼수를 부린 게 아니라 복당도 꼼수가 있었던 셈이다.

그 대가는 참혹하였다.

민주당은 8회 지방선거에서 17곳 광역단체장 중 고작 5석밖에 얻지 못했고 그 5곳 중 경기도는 겨우 0.15%라는 차이로 신승했다. 그나마 강원석 변호사가 무소속으로 출마해 보수표를 잠식한 결과였다. 만일 경기도에서 패배했더라면 민주당은 '호남 자민련' 신세로 전락할 뻔하였다.

특히 민형배의 정치적 기반인 광주가 전국에서 가장 낮은 투표율을 보였을 뿐만 아니라 광주광역시장과 구청장 후보로 출마한 국민의힘 후보 모두 두 자릿수 득표율로 선거 보존비를 받는 결과까지 낳고 말았다. 심지어 지방선거 실시 이후인 27년 만에 국민의힘 소속인 비례대표 광주시의원이 1명 배출되기도 하였다.

민형배의 위장탈당이 광주 유권자들의 민심을 자극한 결

과다.

문제는 민주당의 '꼬리 자르기' 위장 탈당과 복당이라는 흑역사가 앞으로도 이어질 가능성이 크다는 점이다.

전당대회 돈봉투 의혹과 관련하여 생생한 녹음파일이 공개되어 전 국민이 다 들었는데도 이성만 의원은 "선당후사의 정신을 가지고 윤관석 의원과 함께 탈당하고 '법적투쟁'으로 진실을 밝혀나가는 데 최선을 다하겠다"라고 '선당후사'를 언급하였다.

이들의 탈당에 대해 국민의힘은 '꼬리 자르기'라는 비판의 목소리가 나왔다.

김병민 국민의힘 최고위원은 자신의 페이스북을 통해 "전형적인 꼬리자르기이자 국민기만 정치쇼라"라고 비판하였다.

그는 "이성만 의원은 이번 사태의 원인이라며 검찰의 정치공세를 주장했다. 윤관석 의원은 사법적 과정 성실히 임해서 문제를 밝히겠다며 본인 혐의를 부인했다. 아니 문제될 일이 하나도 없는데 왜 탈당을 하는가"라고 지적하였다.

이어 "이정근 녹취록에 드러난 윤의원 등의 목소리는 허깨비라도 된단 말인가. 진즉 윤리심판원을 가동해서 해당 당사자에 대한 강력 징계 절차에 나섰어야 함에도 차일피일 미루며 이재명 지도부가 시간을 끌어온 데는 다 이유가 있었던 것 같다"라며 "돈 봉투 전달 의혹의 핵심 윤관석 의원이 입을 열면 민주당 전체가 초토화될 수 있으니, 자진탈당으로 매듭짓고 이들에 대한 비호에 당이 적극 나선 것 아닌가"라고 의구심을 제기하였다.

그러면서 "자진탈당 하더라도 언제든 시간이 지나면 개선장군처럼 돌아올 수 있음을 이미 민형배 의원이 보여주었으니, 탈당이 이들에게 무거운 형벌처럼 느껴지지도 않았을 것이다. 돈봉투 사건, 의원 169명 전수조사해야 한다며 소신을 피력했던 이소영 의원의 목소리는 민주당 어디에 있는지 묻지 않을 수 없다"라며 "설마 송영길 전 대표, 윤관석, 이성만 의원의 자진탈당 꼬리자르기로 이 모든 의혹 덮어버릴 요량은 아닐 것"이라고 꼬집었다.

김남국 의원의 탈당도 '꼬리 자르기' 라는 비판을 받았다.

거액의 '코인 보유' 논란에 휩싸인 김남국 의원이 어민주당에 탈당계를 제출하자 김 의원의 코인 거래 내역을 들여다보던 민주당 진상조사단과 윤리감찰단의 활동이 모두 중단되었다.

당시 국민의힘 대변인은 논평을 통해 "또다시 꼬리자르기 탈당"이라며 "얼마나 국민 알기를 우습게 알면 매번 이런 식의 꼼수로 위기를 모면하려 하는가"라고 목소리를 높였다.

대변인은 "송영길 전 대표. 윤관석·이성만 의원에 이어 김남국 의원까지, 이쯤되면 민주당은 탈당이 면죄부 받는

'만능치트키'라도 되는 줄 아는 모양"이라며 "왜 신생 코인에 거액을 투자했냐"고 물었더니 '손해봤다'며 동문서답을 하더니, 이제는 의원직을 사퇴하라는 국민의 명령에 민주당 탈당이라는 뜬금포로 대답하니, 이는 대놓고 국민을 우롱하는 것"이라고 질타하였다.

이어 "탈당하는 순간까지도 민주당에 대한 미안함만을 내비쳤을 뿐, 국민께 진정으로 사과한다는 표현 하나, 의혹에 대해 소상히 밝히겠다는 진정성 한 줌 보이질 않았다"고 지적하였다.

그러면서 "'당에 피해를 주지 않겠다'라는 눈물겨운 애당심에 스스로는 대견할지 모르겠지만, 오늘 김 의원의 탈당으로 그의 머릿속에 국민이 없다는 사실은 더욱 명확해졌을 뿐"이라고 강조하였다.

특히 그는 "행여 민형배 의원처럼 잠잠해지면 슬그머니 복당할 수 있을 것이란 기대를 하고 있다면 당장 접으라"라고 질타하였다.

특히 장예찬 국민의힘 청년최고위원은 당시 한 방송에 자신이 직접 제작한 '더불어도마뱀' 이미지 판넬을 들고 출연하였다. 판넬에는 도마뱀의 머리에 이 대표 얼굴이, 꼬리에 김 의원과 송영길 전 민주당 대표, 윤미향 의원의 얼굴 사진이 붙어 있다. 그는 최근 민주당의 전·현직 의원들이 각종 의혹으로 논란을 빚다 탈당 및 출당한 사태를 꼬리 자르기'에 비유하면 비판의 날을 세운 것이다.

그는 당시 "윤리특위 위원장으로 선임된 변재일 의원도 김 의원을 제소해야 한다고 했다는데, 이걸 막고 있는 사람이 대체 누구인가, 부인하지만 바로 이 도마뱀의 몸통"이라며 "아무리 꼬리를 잘라봤자 몸통은 이재명 대표"라고 직격하였다.

돈봉투 전당대회 의혹의 당사자인 송영길 전 민주당 대표의 탈당 역시 그런 범주를 벗어나지 못하였다.

국민의힘은 "꼬리자르기"라고 맹비난했고, 정의당도 "실망스러움을 넘어 허탈할 지경"이라고 가세하였다.

당시 송영길은 4월 22일 (현지 시간) 프랑스 파리에서 연 기자회견에서 "돈봉투 사태와 관련해 모든 정치적 책임을 지고 오늘부로 민주당을 탈당하고자 한다"며 "지역위원장도, 당원도 아닌 국민의 한사람으로 당당히 검찰 수사에 응하겠다. 모든 문제를 해결하고 민주당에 복귀할 수 있도록 하겠다"라고 밝혔다.

비록 지금은 탈당하지만, 나중에 민주당에 복귀하겠다는 뜻을 밝힌 것이다.

그러자 당시 국민의힘 수석대변인이었던 유상버 의원은 "상황을 모면해 보려는 핑계와 꼼수만이 가득한 한 편의 '국민 분노 유발극'이었다"라며 "정치적 책임을 운운했지만 결국 민주당에 피해를 끼치지 않기 위해 할 일 다 했다는 듯한 꼬리 자르기 탈당뿐이다. 변명으로 일관하는 답변은 이재명 대표 과거 모습과 데칼코마니"라고 비난했다. 그러면서 "꼬리 자르기 탈당, 꼼수 귀국, 모르쇠 사과로 국민의 분노를 잠재울 수도, 사건의 진실을 덮을 수도 없다"라며 "귀국과 동시에 신속하고도 철저한 수사가 이뤄져야 할 것"이라고 강조하였다.

황병열의 회초리

민주당은 21대 국회에서 180석의 '슈퍼 1당'을 탄생시켰지만, 4년 내내 소속 의원들이 각종 의혹으로 탈당·출당을 반복하면서 골머리를 앓았다.

그럴 때마다 여론은 '꼬리 자르기'라며 민주당에 등을 돌리고 말았다.

국회는 입법기관이고, 각 정당은 입법기관인 국회의원 후보를 공천하는 만큼, 국회의원이 어느 정당 소속인가 하는 것은 매우 중요한 문제다.

탈당과 복당은 자신이 속한 정당을 교묘하게 속이는 기만행위로 비난받아 마땅하다. 그걸 정당이 앞장서서 하는 것은 국민에게 큰 죄를 짓는 행위다.

공자는 도둑질보다 더 나빠 죽여 마땅한 사악한 행위로

'아는 게 많은데 그 지식을 나쁘게 쓰는 것', '세상을 한쪽만 보고 살면서 고집까지 센 것', '거짓말을 그럴듯하게 해서 사실을 헷갈리게 만드는 것', '잘못된 일을 하면서도 겉으로는 멋지게 보이게 하는 기술을 가진 것' 등을 언급하였다고 한다.

민형배 등 민주당 의원들의 잇따른 탈당과 복당이 여기에 해당할지도 모른다. 그건 국민이 바라는 바른 정치가 아니다.

특히 수십억 코인 의혹으로 도망치듯 민주당을 탈당한 김남국 의원을 바라보는 정치권의 시선은 싸늘하다. 여당은 물론 야당에서도 비난의 목소리가 잇따르고 있다.

민주당 당규 18조에는 징계절차가 개시된 이후 탈당할 경우 탈당원 명부에 '징계를 회피할 목적으로 탈당한 자'로 기록하도록 규정하고 있으며, 제명에 준(準)하는 징계를 해야 한다는 내용이 있다. 아마도 그 규정을 염두에 두었을 것이다.

실제로 김남국 의원이 민주당을 탈당하면서 당 차원의 진상조사와 윤리감찰은 사실상 중단됐다. 이제는 당이 징계절차를 밟을 수 없게 됐다는 의미다. 따라서 그에게 제명에 해당하는 중징계를 내릴 수 없다.

그런데 이건 민주당 의원들이 흔히 쓰는 수법이다.
민주당은 그간 각종 논란이 터지면 일단 소나기는 피하

고 보자는 식으로 문제 인사들을 출당하거나 탈당 조치했다가 잠잠해지면 슬그머니 복당시켜 왔다.

김 의원이 탈당 선언문에서 "잠시 떠난다"라는 표현을 두 번이나 쓴 것을 보면, 그런 상황을 염두에 둔 것이 분명해 보인다.

특히 검수완박(검찰 수사권 완전 박탈)법을 강행 처리하기 위해 탈당했다가 복당한 민형배 의원 사례는 꼼수의 결정판으로 꼽힌다. 지난해 4월 국회법을 무력화하려는 민 의원 탈당에 당내에서조차 "민주주의 능멸"이란 비판이 쏟아졌고, 헌법재판소는 이를 국회법 위반으로 판단하기도 하였다. 그런데도 민주당 지도부는 지난달 민 의원을 1년 만에 복당시키고 말았다.

이러다 보니 민주당에서 탈당하는 사람들은 자신의 탈당을 영구적이라고 생각하지 않는다고 한다. 여론이 잦아들면 슬그머니 복당하게 될 것이라 여긴다는 것이다. 과연 이런 정당을 공당이라고 할 수 있는지 의문이다.

"용서해서는 안 된다. 가짜뉴스로 돈을 벌고 있는 유트브 채널에 대해서도 제재가 따라야 할 것이며, 형사소송과 동시에 민사소송을 제기해서라도 그 사회악의 뿌리를 뽑아버려야 한다.

지금 가짜뉴스로 인해 대한민국이 치르는 손실은 막대하다. 의혹 제기가 한 이슈에 대해 어떤 프레임을 형성하면 나중에 아무리 가짜뉴스라고 방어해도 쉽게 깨기가 어려운 이유다"

제6장

김의겸의 '가짜뉴스'

김의겸의 '가짜뉴스'

가짜뉴스를 입에 달고 다니는 민주당 김의겸 의원에게는 '양치기 소년'이라는 달갑지 않은 별명이 붙었다.

김의겸은 법무부 국정감사에서 '더탐사' 제보라며 '윤석열 대통령과 한동훈 법무부 장관, 이세창 전 자유총연맹 총재권한대행, 김앤장 법률사무소 변호사 30여 명이 지난 7월 함께 서울 강남구 청담동의 한 술집에서 새벽까지 술을 마시고 노래를 불렀다더라'라는 엉터리 의혹을 제기하였다.

사실관계를 확인하지도 않고 의혹 제보자의 녹취를 그대로 공개하기도 하였다. 녹취에는 "한동훈, 윤석열까지 다 와서 술 마시고 노래 부르고" 등 적나라한 대화가 고스란히 담겼다.

당시 한동훈은 "(사실이 아니라는 것에) 장관직 포함해 앞으로 어떤 공직이라도 다 걸겠다. 의원님은 뭘 걸겠느냐"라고 거세게 반박하였고, 이에 김 의원의 낯빛이 흙색으로

변하며 아무 말도 하지 못하였다.

사실 김 의원의 의혹 제기가 얼마나 터무니없는 것인지는 조금만 생각해보면 쉽게 파악할 수 있는 일이다.

대통령이 술집에 가려면 경호실에서 사전에 그곳은 물론 그 인근까지 전부 보안 점검을 해야 한다. 소문이 안 날 수가 없다. 게다가 대통령이 새벽까지 술을 마시면 경호원들이 그 일대에 깔려있어야 한다. 그런 일이 있었는지 확인해보면 김 의원이 받았다는 제보가 얼마나 터무니없는 것인지 금방 알 수 있다. 더구나 한동훈은 술을 못 마시는 사람으로 '제로 콜라'만 마신다고 한다. 술자리 좋아하는 사람도 아닌데, 거기 있었다는 것 자체가 말이 안 된다.

김의겸 의원은 '더탐사'와 협업으로 어마어마한 의혹을 제기하면서 그렇게 간단한 것조차 확인하지 않았다.

이것은 의도적이라는 측면에서 국회의원의 면책특권의 범위를 벗어난 범죄행위다.

더구나 김의겸은 스스로 '더탐사'라는 곳 공작 냄새가 풀풀 나는 '협업'한 사실을 시인하지 않았는가.

그렇다면 그는 '더탐사'의 범죄행위에 가담한 공범으로 형사처벌 대상이 될 수도 있다.

결국, 제보자가 허위 제보임을 시인하면서 이는 가짜뉴스로 판명이 났다.

그런데 김 의원의 태도가 가관이다.

손이 발이 되게 빌어도 시원찮을 판에 한동훈을 겨냥해 "제 질문에 한 장관은 대뜸 '장관직을 걸겠다'라며 국감장을 도박판으로 만들었다"라고 되레 날을 세웠다.

그러면서 "저는 뒷골목 깡패들이나 할 법한 협박에 말려들고 싶은 생각은 없다"라고 결연한(?) 의지를 피력하였다. 마치 독립군이 왜군과 싸우기 위해 전장에 나서듯 그렇게 비장한 모습을 보인 것이다. 이 얼마나 우스꽝스러운 모습인가.

정말 이런 사람이 어떻게 기자 생활을 했는지 의문이다.

시민일보 고하승 주필은 "언론사에도 숱하게 많은 제보가 들어 온다. 그런데 열에 아홉은 그 제보에 어떤 목적이 있기 마련이다. 따라서 제보가 사실인지, 과장되거나 왜곡된 것은 아닌지 면밀하게 살펴보고 난 후에 기사를 작성해야 한다. 제보만 믿고 기사를 쓰는 기자는 없다. 그건 상식이다"라며 "하물며 공개된 국정감사장에서 국무위원을 상대로 아무런 근거 없이 제보만 믿고 모욕적인 의혹을 제기한 것은 대단히 잘못된 것으로 반드시 그 대가를 치르게 해야 한다"라고 하였다.

이어 "단순한 허위사실을 넘어 대통령과 국무위원에 대해 의도적인 가짜뉴스를 만들기 위해 '더탐사'와 협업을 한 이상 김의겸 의원은 영락없는 공범"이라며 "'더탐사'와 김의원이 사전에 어떤 작당 모의를 했는지, 철저한 수사를 통해 이번만큼은 정치적이든, 법적이든 책임을 따져 물어야 한다"라고도 하였다.

언론인이 언론인 출신 김의겸 의원을 펙트체크하지 않은 것을 문제 삼으며 의도적 허위 사실 유포자로 낙인 찍은 셈이다.

한동훈도 "저는 명백한 허위사실을 유튜브 등으로 유포한 더탐사 및 그 관계자들과 이에 '협업' 하였다고 스스로 인정한 김의겸 민주당 대변인에 대하여 민형사상 법적 책임을 물을 것"이라고 하였다. 그는 이러한 입장이 법무부 장관이 아닌 개인 자격이라고 강조하기도 하였다.

따라서 이번에는 김의겸 의원도 빠져나가기 어려울 것 같다. 어떤 형태로든 책임을 져야 한다. 아니면 말고 식 의혹 제기로 '양치기 소년'이 되어 버린 자의 최후를 보게 될지도 모른다.

과연 이런 행위마저 국회의원의 면책특권 범주에 놓고 보호해야 하는가.

국회의원은 헌법 제45조에 따라 국회에서 직무상 행한 발언·표결에 관해 국회 외에서 책임지지 않는 면책특권을 가진다. 이는 불체포특권과 함께 입법부의 독립·자주적 기능을 보호하고, 의원이 양심과 소신에 따라 자유롭게 의정활동을 할 수 있도록 보장하기 위해 마련된 특별한 장치다. 이는 제헌헌법에서부터 인정된 권리로, 1962년 제5차 개헌 때 '직무상' 요건이 추가돼 현재에 이르고 있다. 불체포특권은 국회 본회의 표결에 부쳐 무력화할 수 있지만, 면책특권 제한 사유는 헌법에 규정돼 있지 않아 '절대적'이라고 볼 수 있다.

이에 따라 가짜뉴스인 '청담동 술자리 의혹'을 제기했던 김의겸 의원은 '불송치되고 말았다.

앞서 서울 서초경찰서는 해당 의혹을 허위로 판단하고, 의혹을 제기한 유튜브 매체 '시민언론 더탐사' 대표 강진구 씨를 검찰에 넘겼다. 하지만 같은 혐의로 고소·고발된 김의겸 의원 사건은 '공소권 없음'으로 종결했다. 국회의원이 국회에서 직무상 행한 발언에 대한 책임을 지지 않는다는 면책특권이 검찰에 넘겨지지 않은 이유다.

국민의힘은 일제히 반발하였다.

장예찬 국민의힘 청년최고위원은 자신의 페이스북에서 "청담동 술자리 운운하는 저질 가짜뉴스로 명예훼손을 한 게 인정됐지만, 면책특권 덕분에 불송치 처분을 받은 김 의원에게 살인 면허 007도 아니고 '가짜뉴스 면허'를 국회의원에게 발급해준 꼴"이라고 직격하였다.

이어 "세상에 이렇게 막 나가는 특권이 어디 있나. 이재명 민주당 대표도 대선 공약으로 면책특권 폐지를 주장했다고 한다. 이제 공약을 지킬 시간"이라며 "군사정권 시절 만들어진 국회의원의 불체포특권, 면책특권이 의미가 변질돼 저질 정치의 면죄부가 되고 있다. 이번 기회에 보수·진보,

여당·야당 할 것 없이 저질 정치를 추방하는 의미에서 면책특권 폐지를 함께 추진하자"라고 목소리를 높였다.

윤재옥 국민의힘 원내대표도 "국민께 신뢰받는 국회를 만들어가기 위해 여야가 머리를 맞대야 하는 문제가 하나 더 있다. 바로 가짜뉴스 문제"라면서 "악의적 목적을 갖고 명확한 근거나 진위에 대한 확인 절차 없이 책임지지 못할 허위·가짜뉴스를 유포하는 행위에도 지금과 같이 면책특권을 적용해야 할지에 대해선 진지하게 고민해볼 때가 됐다. 이 경우 면책특권 적용을 하지 않는 방안을 논의하자"고 공식 제안하였다.

그러면, 해외 주요국들은 의회 의원에게 면책특권을 어떻게 부여하고 있을까. 국회입법조사처가 발간한 연구보고서 '국회의원의 면책특권: 국내·외 비교와 쟁점'에 따르면 면책특권이 최초로 명문화된 영국은 1689년 '의회에서 행한 발언, 토론, 의사의 자유는 의회 외의 재판소나 어떠한 장소에서도 소추·심문받지 않는다'라고 규정해 면책특권을 명문화하였다. 미국과 프랑스도 헌법을 통해 면책특권을 규정하고 있다.

독일과 일본도 각각 면책특권을 정립하고 있지만, 주목할 점이 있다. 기본법으로 의원의 면책특권을 규정하고 있는 독일은 관련 조항에 단서를 달아 '중상적 모욕'은 면책되지 않는다고 명시하였다. 일본 최고재판소는 국회의원이 갖는 재량과 자율은 그 직무를 충실히 수행하라는 취지에서 인정되는 것인 만큼, 직무와 무관하게 '굳이 허위 사실을 적시해 개별 국민의 명예나 신용을 훼손하는 행위'는 면책되지 않는다고 판시한 바 있다.

이에 조사처는 면책특권은 국민의 알 권리를 충족하기 위해 꼭 필요한 장치라고 짚으면서도 해외 사례를 바탕으로 특권 남용을 방지할 수 있는 합리적 기준을 설정하려는 노력이 필요하다고 지적하였다. 조사처는 "면책특권의 기원인 영국에서도 최근에는 의회의 핵심 기능을 보호할 때 특권이 유효하다는 견해가 주류를 이루고 있다"라며 "(한국은) 행정부를 견제·감독해야 할 국회의 본질적 책무와 직접 관계되지 않은 '중상 모욕적 발언' 등에까지 면책특권을 내세우는 남용 문제가 줄곧 지적돼온 측면이 있다"라고 밝혔다.

그러면서 "면책특권을 제한하려는 개헌에 관한 장기적 구상과는 별개로 의회가 스스로 의원의 책임을 물어 제재하고 있는 주요국 사례를 참고해 국회가 자율적으로 사안의 시비를 판단하며 적절히 조치하려는 노력도 필요할 것으로 보인다"라며 "면책특권의 남용을 방지하면서도 의원의 표현의 자유를 보장하고 국민의 알 권리를 충족할 합리적 기준을 설정하려는 논의를 기대한다"라고 강조하였다.

그런데 김의겸의 가짜뉴스는 이번이 처음이 아니라는 게

문제다.

김의겸은 '한동훈 법무부 장관이 카메라를 의식, 민주당 이재정 의원을 엘리베이터까지 집요하게 따라가 악수를 했다'는 취지의 주장을 여러 방송에서 폈다. 한동훈이 이슈를 만들려고 일부러 그런 장면을 연출했다는 주장이었다. 하지만 당시 상황이 담긴 영상을 보면 명백한 '가짜뉴스'였다.

김의겸은 당시 유튜브 '박시영TV'에 출연하여 "한 장관은 민주당 의원과의 공방을 즐기고 있다"라며 "자기의 몸값을 띄우는 의도적인 일을 하고 있다"고 말했다. 그러면서 "어제오늘 사이 들었던 이야기인데, 이야기했다고 혼나지는 않겠지만⋯이 의원에게 들었다"라고 말하였다.

이어 "안양교도소 이전 문제가 있었다. 이 의원 지역구여서 행사장에 갔는데 한 장관이 왔다"라며 "이 의원은 윤호중 의원이 생각나 '만나서 웃으면 안 되겠구나'(싶어) 사진 찍히는 것을 일부러 피했다고 한다"라고 전하였다.

윤 의원은 지난 5월 제20대 대통령 취임 기념 만찬에서 윤석열 대통령 부인 김건희 여사와 활짝 웃는 모습의 사진이 공개돼 일부 강성 야권 지지자들의 비판을 받았다. 거세진 비난에 윤 의원 측은 "당원들 마음은 이해한다. 내내 웃고 있던 것도 아닌데 그 순간이 포착된 것"이라는 해명까지 해야 했다.

이 의원도 한 장관과 웃는 사진이 찍히면 같은 상황에 놓일 것을 우려했다는 뜻으로 풀이된다.

김 의원은 "(이 의원이) 일부러 안 마주치고 멀찌감치 떨어져 있다가 행사를 무사히 마치고 엘리베이터 타고 가려고 했는데, 한 장관이 거기를 쫓아오더래"라고 했다. 한 장관이 '폴더 인사'를 하면서 "뵙고 싶었습니다"라고 말하며 악수하려고 손을 내밀자 이 의원은 거절할 수 없어 최소한의 격식을 갖춰 인사했다고 김 의원은 말하였다. 그는 "바로 뒤에서 카메라가 그걸 찍고 있더래"라며 "거기까진 좋았는데, 몇 시간 뒤에 보니까 법무부 홈페이지에 '진영 논리 넘어서 협치에 나선 한동훈 장관' 보도자료가 나가고, 기사까지 예쁘게 나갔다고 한다"라고도 했다.

김 의원은 "대단히 기획되고 의도된 치밀한 각본이구나"라며 "대정부 질문, 각종 상임위원회 나와서 하는 한 장관 발언 내용과 형식은 다 기획된 것이니 그 덫에 우리가 넘어가서는 안 되겠다는 생각이 든다"라고 하였다.

김 의원은 유튜브 '김어준의 다스뵈이다'에서도 같은 이야기를 하였다. 이 의원에게 들은 이야기라며 "한 장관이 쫓아와서, 엘리베이터 앞이라 어디 도망갈 데도 없어. 손을 내밀면서 악수를 청해서 웃으면서 악수해줬는데 카메라가 뒤에 와 있었다고 한다"고 말하였다.

하지만 김의겸의 이 같은 발언은 사실과 달랐다.

그가 언급한 행사는 법무부 대회의실에서 열린 '안양법무시설 현대화 및 안양교도소 이전 사업 업무 협약'인 것으로 보인다. 그 자리에 민주당 소속 최대호 안양시장, 이 의원, 최병일 안양시의회 의장 등이 참석하였다. 법무부는 한 장관이 이 의원 등과 악수하는 사진을 공개하기도 하였다.

그러나 한 장관과 이 의원이 악수한 장소는 엘리베이터 앞이 아니었다. 특히 당시 영상을 보면 두 사람은 법무부 로고가 그려진 곳에서 악수하였다. 넓은 화면에서 찍은 사진을 보면 그곳은 업무협약식이 진행된 대회의실이다.

또 김 의원이 말한 상황과도 차이가 있었다. 카메라가 갑자기 나타난 것이 아닌, 기념촬영 중이었다.

이재정은 한동훈 옆자리에 서 있었고, 한 장관은 박수를 치며 왼쪽에 인사한 후 이 의원 쪽을 바라보며 다시 한 번 인사하였다. 이 의원 역시 박수 치며 인사하다가 두 사람의 눈이 마주쳤다. 그러자 한 장관은 이 의원을 향해 고개 숙여 인사하엿고, 이 의원이 먼저 손을 내밀자 한 장관 역시 손을 맞잡았다.

당시 이 장면을 본 네티즌들은 "이 의원이 뭐라고 했는지는 모르겠지만 김 의원이 살 붙여서 거짓말한 것 같다" "흔한 업무 사진일 뿐인데 민주당 의원들은 사진 하나에도 타격을 받나 보다" "한 장관 싫어하는 걸 떠나서 악수도 하지 말고 모른척해야 한다는 게 이해가 안 된다"라는 등의 댓글을 달았다.

한동훈의 반응은 더욱 격하였다.

그는 '최근 김의겸 의원이 장관과 이재정 의원이 악수를 연출했다고 하는데, 이를 어떻게 보는가'라는 질문에 "김의원은 이미 가짜뉴스에 대한 징벌적 손해배상제를 앞장서서 미는 분으로 알고 있다"라며 "그런 분이 이렇게 악의적 허위사실, 가짜뉴스를 작심하고 방송에서 반복적으로 유포하는 행위에 대해 유감스럽게 생각한다"라고 답했다.

김의겸의 '가짜뉴스' 사건은 그것으로 끝난 게 아니다. 또 터졌다.

이재명 민주당 대표의 구속 전 피의자 심문(영장실질심사)를 앞둔 시점에, 김의겸 의원이 공개적으로 담당 판사인 유창훈 서울중앙지방법원 판사가 한동훈 법무부 장관과 서울대학교 동기라고 지적했으나, 이는 사실이 아닌 것으로 밝혀진 것이다.

실제로 김의겸은 당이 한 방송에 출연해 "(구속영장이) 발부가 될 가능성이 있다고 보는 분들의 논거" 중 하나로 "그 선택된 판사가 하필이면 또 한동훈 장관의 서울대 법대 92학번 동기"라는 점을 들었다.

김의겸은 "영장 전담 판사를 검찰이 지금 선택을 했다. 이게 원래 수원에서 청구할 수도 있고 서울에서 할 수도 있는데 수원 거를 가져다가 서울로 갖다 붙였다"라며 "그러니까 수원은 좀 불리하다고 본 거다"라고 주장하였다.

이어 "서울에 영장 전담 판사가 세 분이 있는데 그중에서 딱 일주일에 한 번씩 돌아간다, 사이클로"라며 "그중에 자신에게 가장 유리하다고 생각하는 영장 전담 판사를 선택한 것"이라고 강조하였다. 검찰이 영장 전담 판사로 유창훈 판사를 선택했는데, 그 판사가 하필이면 한동훈 장관과 대학교 동기라는 점을 지적한 것이다.

하지만 사실이 아니었다.

유창훈 서울중앙지방법원 판사와 한동훈은 대학 동기가 아니었다.

실제로 확인한 결과 영장전담 판사는 93학번인데, 한동훈 장관은 92학번이었다.

그런데도 김의겸은 반성이나 사과는커녕 되레 정보제공자를 탓하는 모습을 보였다.

그는 "애초에 이 정보를 준 사람이 서울대 법대 92학번 법조인이다. '나, 한동훈 장관, 영장전담 판사 모두 92학번 동기다'라고 말했다"라며 "법조인 대관을 확인해보니 한 장관과 영장전담 판사가 똑같이 73년생이고 92년도에 고등학교를 졸업한 걸로 나온다. 믿지 않을 이유가 없었다"라고 해명하였다. 그러면서 "한동훈 장관이 또 소송을 걸어올 게 분명하니, 제 '취재수첩'은 법정에 제출하겠다"라고 하였다.

본인이 사실관계를 틀린 데 대해서는 인정하였지만, 이를 사과하는 대신 취재원이 잘못된 정보를 알려줬으니 어쩔 수 없었다는 투다.

심지어 그는 "모든 걸 떠나, 저에 대한 한동훈 장관의 각별한 관심이 놀랍다"라며 "30분 가까이 라디오 인터뷰를 했는데, 그 가운데 딱 한마디를 놓치지 않고 문제 삼았다. 한동훈 장관도 잔뜩 쫄(졸)아 있는 것"이라고 하였다.

언론인 출신이 정보제공자 말만 믿고 간단하게 확인할 수 있는 검증 과정조차 거치지 않았다는 사실에 대한 부끄러움은 찾아볼 수조차 없다.

이에 국민의힘은 격노하였다.

전주혜 의원은 "이는 곧 영장판사가 한 장관의 청탁을 받고서 이재명 대표의 영장을 발부할 것이라는 건데, 일고의 가치도 없는 '3류 막장' 소설"이라며 "조금만 더 알아봤더라면 쉽게 확인할 수 있는 사안을, 기자 출신이기도 한 김 의원이 마치 대단한 특종인 양 생방송을 통해 가짜뉴스를 유포했다"라고 날을 세웠다.

그는 "김 의원은 '청담동 술자리' 가짜뉴스의 장본인이다. 도대체 언제까지 아니면 말고식의 가짜뉴스를 재탕·삼탕할 요량인가?"라며 "이는 결국 '개딸'들에게 좌표를 찍어 영장전담판사를 압박하려는 것으로, 이재명 대표의 구속영장을 기각하려는 의도에 지나지 않는다"라고 꼬집었다. "명백한 사법권의 독립을 침해하는 '사법 방해'"라는 주장이다.

이민찬 상근부대변인 역시 "김 의원은 '가짜뉴스 중독'

인가. 수차례 가짜뉴스를 유포해 당 대변인까지 사퇴했으면서, 이제는 가짜뉴스를 당 대표 방탄에 이용하고 있다"라고 목소리를 높였다. 그는 "김 의원의 가짜뉴스는 법원이 어떤 판결을 해도 믿지 않겠다는 사법부 흔들기에 지나지 않는다"라며 "중대 범죄 혐의를 받는 당 대표 방탄을 위해서라면, 민주주의의 근간인 법치마저 흔드는 민주당의 저열한 행태에 분노를 금할 수 없다"라고 비난하였다.

이제는 더 이상 이런 '가짜뉴스'를 방치해서는 안 되는 상황에 이르렀다.

윤석열 대통령이 "가짜뉴스 추방운동이 우리의 인권과 민주 정치를 확고히 지켜줄 것으로 믿는다"라며 연일 가짜뉴스 근절을 강조하고 나선 것은 이런 연유다.

사실 가짜뉴스는 김의겸 개인만의 문제는 아니다.

장예찬 국민의힘 청년최고위원은 MBC와 민주당, 극좌 유튜브, YTN 등을 언급하면서 "가짜뉴스를 주거니 받거니 키우며 공생하고 있다. 김건희 여사에 대한 막무가내 가짜뉴스와 스토킹 정치도 가짜뉴스 카르텔의 작품"이라고 지적하였다.

그는 자신의 페이스북을 통해 "가짜뉴스 카르텔. MBC - 김건희 여사가 트위터 실버마크를 위해 외교부에 지시를 내리고 독촉했다는 가짜뉴스 보도. 민주당 - 박찬대 의원이 최고위에서 해당 보도를 언급하며 가짜뉴스 확대. 극좌유튜브 – 온갖 모욕적인 가짜뉴스로 유튜브 도배"라며 "민노총이 장악한 언론과 민주당, 극좌유튜브들이 가짜뉴스를 주거니 받거니 키우며 공생하고 있다. 김건희 여사에 대한 막무가내 가짜뉴스와 스토킹 정치도 가짜뉴스 카르텔의 작품이다"라고 주장하였다.

이어 "명확한 근거나 사실확인 없이 일방의 주장만 놓고 의혹이나 논란이라는 딱지를 붙여 가짜뉴스를 증폭시키는 수법"이라며 "그렇기에 캄보디아 조명 가짜뉴스로 장경태 최고위원이 검찰 조사를 받았다는 소식이 반가울 수밖에 없다"라고 하였다.

황병열의 회초리

가짜뉴스(Fake News)는 사회를 멍들게 하는 사회악이다.

좁은 의미에서의 가짜뉴스는 정치적인 목적으로 사실이 아닌 내용을 퍼뜨리기 위해 뉴스가 아닌데도 뉴스의 형식을 하여 퍼뜨리는 정보 또는 그 매개체 등을 의미하지만, 넓은 의미에서는 오보나 날조, 거짓 정보, 유언비어 등 사실이 아닌 것을 사실이라고 주장하는 뉴스 전부를 의미한다.

이런 가짜뉴스는 멀쩡한 정치인을 파멸로 이끌거나 정권을 흔들어대는 파괴력이 있다.

그런데도 정작 가짜뉴스 유포자에 대한 처벌은 지나치게 관대하거나 온정주의로 흐르는 경향이 있다. 독버섯 같은 가짜뉴스가 범람하는 이유다.

이래선 안 된다. 가짜뉴스에 대해선 추호도 용서치 않겠다는 강력한 메시지가 나와야 한다.

최근 윤석열 대통령의 해외 순방 도중 김 여사가 든 에코백에 샤넬백이 들어있다는 소문이 떠돌았다. 민주당 청년 정치인인 박영훈 청년미래연석회의 부의장이 지난 14일 자신의 트위터에 이런 의혹을 그대로 옮겼고 논란은 일파만파로 번졌다. 하지만 사흘 뒤인 지난 17일 "샤넬이 아닌 것 같다"라면서 '아니면 말고' 식 의혹 제기 후 발을 뺐다.

사실이 아닌 것 같다며 발을 빼면 용서해야 하는가.

아니다. 그를 고발하고 반드시 그 대가를 치르도록 해야 한다. 정치인이라면 적어도 가짜뉴스를 퍼뜨려서는 안 된다. 그런 정도의 양심은 살아 있어야 한다.

언론도 마찬가지다.

사회를 큰 충격에 빠트린 서울 서초구 서이초등학교 담임교사 사망 사건 이후 온라인상에서는 교사에 갑질을 하던

학부모의 가족 구성원 중에 '3선 국회의원'이 있다는 의혹이 확산한 바 있다. 특히 김어준 씨가 지난 20일 오전 유튜브 방송에서 "현직 정치인이 연루돼 있다고 알려져 있다"라며 "국민의힘 소속 3선으로 저는 알고 있는데 전혀 보도가 없다. 곧 실명이 나올 것이고 대단히 파장이 있을 사안이라"고 주장하였다.

하지만 해당 '3선 국회의원'으로 지목된 한기호 국민의힘 의원의 해명이 나왔고, 그 가짜뉴스를 처음 유포한 여성은 한기호 의원을 찾아가 용서를 구했다고 한다. 김어준 씨가 그런 가짜뉴스를 유포하고 확산한 셈이다. 당연히 그 책임을 져야 한다.

또 '고양이뉴스'는 지난 20일 유튜브 커뮤니티 게시글에, 윤석열 대통령이 폴란드 정상회담을 하루 앞둔 지난 13일 동포간담회에서 "내일 뭐 별거 없으니 오늘은 좀 마십니다"라는 취지의 건배사를 했다고 사실과 다른 허위의 글을 게시하였다.

마치 윤 대통령이 국가 간 중요한 회담인 폴란드 정상회담의 중요성을 비하하고, 대통령으로서 직무를 게을리하는 것처럼 느낄 수 있게 가짜뉴스를 게시한 것이다.

이를 용서해서는 안 된다. 가짜뉴스로 돈을 벌고 있는 유트브 채널에 대해서도 제재가 따라야 할 것이며, 형사소송과 동시에 민사소송을 제기해서라도 그 사회악의 뿌리를 뽑아버려야 한다.

지금 가짜뉴스로 인해 대한민국이 치르는 손실은 막대하다. 의혹 제기가 한 이슈에 대해 어떤 프레임을 형성하면 나중에 아무리 가짜뉴스라고 방어해도 쉽게 깨기가 어려운 이유다. 이해찬 전 민주당 대표가 제기한 윤석열 대통령 처가 일가의 서울-양평고속도로 특혜의혹이나 일본 후쿠시마 원전 오염수 방류 괴담 등이 여전히 활개 치는 이유이기도 하다.●

"노인을 공경하는 경로우대 사상이 점차 사라지고 있다는 느낌이다.

노인 공경은 '노인이 되는 것을 인생이 완성되어 가는 것'으로 이해할 때 가능한 일이다. 효(孝)가 노인을 뜻하는 노(老)와 연관된 것도 이 때문이다. 조선 시대 조정에서 80세 이상의 노인에게 '노인직'이라는 관직 부여하거나 장수를 선정(善政)과 효행의 결실로 보는 것도 모두 이런 이유다"

제7장

김은경의 '노인폄하'

김은경의 '노인폄하'

2023년 7월 30일.

당시 민주당 혁신위원회의 위원장인 김은경이 청년과의 좌담회를 하면서 "왜 나이 들은 사람이 우리 미래를 결정하는가?"라고 질문하면서 "왜 미래가 짧은 사람들이 젊은 사람들과 1대 1로 표결해야 하냐?"라고 반문하였다.

김은경이 좌담회에서 한 발언은 남은 수명에 비례해서 투표하게 하여야 한다는 중학교 2학년 자녀의 발언을 인용한 것인데 김은경도 합리적이고 맞는 말이라고 주장한 것이다. 이후 김은경의 발언이 세간에 드러나면서 '노인폄하' 논란에 휩싸였다.

대체, 그날 김은경은 무슨 발언을 한 것일까?

"제게는 30대 초반, 20대 초반 아들 둘이 있어요. 근데 그들하고 대화를 엄청 많이 하는 편인데, 둘째 애인 그 20대 초반, 22살이에요. 22살인지는 얼마 안 됐는데, 그 아이가 중학교 1학년인지 2학년인지 저한테 이런 질문을 했어요. '엄마 왜 나이 드신 분들이 우리 미래를 막 결정해?' 그러는 거예요. 그래서 자기가 생각할 때는, 여명을 얼마, 보통 사람들이 평균 여명을 얼마라고 보았을 때, 자기 나이로부터 여명까지 그다음에 엄마 나이로 여명까지로 해서 비례적으로 투표를 하게 해야 한다는 거예요. 그 말은 되게 합리적이죠. 그런데 이제 민주주의 국가에서는 1인 1표기 때문에 현실적인 어려움이 있지만, 그게 참 맞는 말이에요. 우리들의 미래가 훨씬 더 긴데, 왜 미래가 짧은 분들이 똑같이 1대1 표결을 하냐는 거죠. 투표권을 되게 합리적이지만, 민주주의 국가에서는 1인에게 1표를 주는 선거권이 있으니까, 하는 수가 없는 거라는 이야기를 했어요. 그래서 '투표장에 청년들이 젊은 분들이 나와야 그 의사가 표시된다' 라는 것으로 결론을 했던 기억이 나요."

좌담회 연설문 가운데 일부다.

당시 김은경의 자녀가 아직 민주주의에 대한 의식 수준이 낮을 수 있는 어린 학생이었음을 감안하더라도, 그 이야기를 두고 합리적이니 맞다느니 긍정하면서 공공연하게 입에 담은 김은경은 대한민국 헌법상의 선거의 4대 원칙인 보통선거 및 평등선거를 존중하지 않는다는 점에서 문제가 있다.

자유민주주의 국가에서는 정치적 의사결정을 하기엔 미

숙한 연령대의 국민을 제외하고는 나이와 성별, 신분, 직업, 지역 등의 요소를 초월하여 국민이라면 누구든 투표권이 주어져야 하며, 또한 나이와 성별, 신분, 직업 등의 요소와 상관없이 표의 가치에 불합리한 차별이 있어서도 안 된다. 이게 대원칙이다.

따라서 김은경의 발언은 대한민국의 헌정질서를 존중하지 않는 한 것으로서 사회적으로 질타받아 마땅하다.

특히 '제1야당'이자 '원내 다수당'의 일개 당원의 개인적 의사 표명이 아닌 혁신위원장이라는 당 수뇌부의 공식 발언이라는 점에서 이를 간과해선 안 된다.

하지만 그보다 더 큰 문제는 노인을 비하하였다는 점이다.

김은경의 발언이 알려지자 대한노인회는 격노하였다.

노인회는 8월 2일, 성명을 통해 헌법에 보장된 참정권을 무시한 발언이라며 김은경 위원장에게 강한 분노를 표하였다.

민주당은 같은 날 이해식 의원을 보내서 당의 사과 입장을 전했지만, 김호일 대한노인회장은 당사자인 김 위원장이 직접 사과하러 와야 문제가 해결된다며 완고한 입장을 보였다.

각계 원로 인사들의 모임인 국가원로회의도 비판 대열에 합류하였다.

8월 2일 국회 소통관에서 김은경 위원장 규탄 기자회견을 열고서 어르신들 마음속 깊은 상처와 아픔을 남기고 모욕감을 안기며 명예를 훼손시켰다며 김은경 위원장을 강하게 비판하였다.

유림들도 가세하였다.

최종수 성균관장은 유림을 대표하여 '사퇴를 촉구하는' 의견을 내었다.

국민의힘 김기현 대표는 민주당의 노인 비하 DNA를 재확인했다면서 과거 민주당의 노인 비하 발언 사례를 언급한 뒤, "선배 세대 어르신들께서 온갖 고초를 겪으시며 일궈내신 기적 같은 성취에 대해 단 한 줌의 경외심이라도 있다면, 김 위원장의 저런 폭언은 나오지 않았을 것"이라며 비판하였다.

이용호 의원은 "민주선거 역사에 대한 기본적인 지식이나 이해, 인식이 근본적으로 잘못됐고 정말로 몰상식하고 무식하다, 나아가서 용감하다는 생각을 했다"라며 "이런 식의 접근은 여자는, 흑인은, 힘없고 돈 없는 사람은, 지능이 낮은 사람은 투표해선 안 된다고 하는 생각과 같은 것"이라고 질타하였다.

반면 민주당에선 그를 옹호하는 사람들이 상당하였다.

양이원영은 김은경의 발언을 옹호하며 SNS에 "지금 투표하는 이들은 미래에 살아 있지도 않을 사람들이다. 오래

살아 있을 청년과 아이들이 미래를 결정할 수 있어야 한다"고 주장하였다.

양이원영의 게시물에 이동학 전 청년최고위원이 공감을 표하였으며 혁신위원회 대변인인 윤형중도 양이원영의 주장을 두고 "발언의 본 취지를 정확히 이해한 그런 글이었다고 생각합니다"라고 두둔하였다.

정청래는 김은경의 발언에 대해 언론들의 과대한 해석이라고 반박하였다.

혁신위원회 대변인인 김남희는 "김은경 위원장의 발언은 청년 세대의 정치 참여를 촉구하는 발언이다. 국민의힘은 세대 간 갈라치기를 하지 말라"라고 되레 여당을 비판하는 황당한 주장을 펼치기도 하였다.

이 같은 민주당 의원의 태도가 분노한 노인들에게 기름을 끼얹고 말았다. 전국에서 김은경의 노인 비하를 질타하는 목소리가 쏟아져 나왔다.

심지어 3선 국회의원을 지낸 최락도 민주당 전국노인위원장마저 김은경 당 혁신위원장의 '노인폄하' 발언에 대해 "이적행위"라며 "혁신위가 당을 혁신하는 게 아니라 망조 들게 하고 있다"라고 강하게 질책하였다.

그러자 민주당은 크게 당황하였다.

특히 제22대 국회의원 선거가 열리는 2024년은 명실공히 초고령사회 원년이 될 것이 확실시되고 있다. 날이 갈수록 비중이 높아지고 있는 노년층의 표심을 공략하기 위해 노인들을 위한 공약을 앞다투어 내놓아도 시원치 않을 판에 노인들이 역린을 건드리고 말았으니 걱정이 됐을 것이다. 특히 노년층 투표율이 상대적으로 높다. 노년층의 비율이 매우 높아진 2020년대 이후로는 투표율이 높다는 것이 청장년층 이상으로 노년층이 더욱 적극적으로 투표에 참여하였다는 뜻이다.

가뜩이나 노년층에 상대적으로 취약한 민주당이 노인비하 발언으로 더 그들과 멀어질 것을 우려한 민주당은 김은경의 사과를 종용하였다.

이에 김은경은 대한노인회를 찾아 "마음 아프게 한 것 죄송스럽다"라면서 사과하였다. 김호일 대한노인회장은 김은경에게 직접 폭행할 수 없으니 사진이라도 때리겠다며 김은경의 사진을 때리며 분을 푸는 모습을 보여주었다.

그런데 대한노인회를 찾아가 사과하는 과정에서 노인을 공경하는 차원에서 본인이 남편 사별 후 18년간 시부모를 봉양하였다고 주장하였으나, 시누이라는 사람이 김은경의 과거를 비난하는 글을 올려 또 다른 논란이 불거졌다.

당시 자신을 미국에 거주하는 작가이자 김 위원장의 시누이라고 밝힌 김지나씨는 자신의 블로그에 '혁신위원장 김은경의 노인폄하는 그녀에겐 일상이다'라는 글을 공개하였다.

글에 따르면, 글쓴이의 오빠와 김은경은 한국 외국어 대학교 법대 캠퍼스 커플로 만나 지난 1992년 결혼을 하고 아이를 낳았지만, 부부는 공부를 위해 독일 유학길에 올랐고 아이는 글쓴이의 부모이자 김 위원장의 시부모가 맡아 키운 것으로 전해졌다.

이후 글쓴이의 오빠는 먼저 귀국해 아버지 밑에서 사업을 배우고 김은경은 만하임 대학에서 법학 박사학위를 받아 한국에 귀국했다고 밝혔다.

그는 "사건은 2006년 1월에 일어났다"며 한 사건을 소개하였다.

김지나씨는 "오빠가 자신의 고층 아파트에서 뛰어내렸다. 집에 아이들과 아내가 같이 있고 초저녁이었고 너무나 갑작스러운 일이라 모두가 믿을 수 없는 상황이었다"라며 "우리 가족은 부검을 원했지만, 아내인 김은경은 그럴 필요가 없다며 강하게 부인했다"라고 전하였다.

이어 "사고가 있는 직후 집으로 들어가자마자 이제 겨우 서너 살이 된 둘째 아이의 반응은 '엄마랑 아빠가 막 싸웠어. 그래서 아빠가 화가 나서 뛰어내렸어"라고 했다며 "어떤 말이 진실일까"라고 의혹을 제기하였다.

김씨는 당시 오빠는 아버지와 사업을 함께 한 이후 세무조사를 받아야 할 만큼 재산이 불어났고 그 당시 강남에 있는 아파트와 빌라를 매입하였다고 설명하며 오빠가 극단적 선택을 한 것에 대한 의문을 표하였다.

그는 "더욱 황당한 일은 어수선한 틈을 타 아빠의 사업체를 자신의 친동생 이름으로 바꾼 일"이라며 "어찌된 일인지 사업체는 오빠가 죽기 직전 시아버지의 이름에서 오빠의 이름으로 전환돼 있었고 죽고 나니 곧바로 김은경의 친동생 이름으로 바뀌었다는 것"이라고 폭로하였다.

그러면서 "(김은경은) 명절은커녕 자신의 남편 제사에도 한번 참석하지 않은 사람이 남편 사별 후 18년간 시부모님을 모셨다는 그런 새빨간 거짓으로 우리 가족 모두를 기만한 파렴치한 김은경이기에 피를 토하는 심정으로 이 글을 이어가고 있다"라고 전하였다.

그는 "마지막 가시는 길에 흙 한 줌 뿌리라는 말에 손사래 치며 거절을 한 장본인이 김은경이고 이번 노인폄하 논란의 시작이 된 그 아들 또한 눈을 부라리며 엄마와 함께 할아버지에게 흙 한 줌 넣어드리지 않았다"라며 "이번 노인폄하 사태를 보면서 역시 인간은 본성을 숨길 수 없는 일이라는 걸 알았다"라고 강하게 질타하였다.

마지막으로 김씨는 "이러한 인간이 절대로 평범하게 살아서도 안 되지만, 높은 위치에서 국민을 우롱하는 일은 없어야 한다"라며 "분통함에 눈도 제대로 감지 못하시고 세상을 떠나신 우리 부모님이 더 이상 원통하지 않고 편안하게 이승을 떠나게 도와주시고 더 이상 남편의 죽음이 한낱 사랑 타령이라는 거짓으로 욕되지 않기를 바라는 마음으로 이 글을 마친다"라고 덧붙였다.

노인폄하 발언이 부모 공경이라는 거짓말 논란으로 비화하였고, 그의 인성마저 의문을 받는 상황이 초래된 것이다.

더 큰 문제는 야권 인사들의 노인폄하 발언이 이번이 처음은 아니라는 데 있다. 2004년 3월 정동영 당시 의장은 한 언론 인터뷰에서 "60세 이상은 투표하지 않고 집에서 쉬어도 된다"며 "곧 무대에서 퇴장하실 분들"이라고 말해 노인층의 격한 반발을 샀다. 젊은층 투표 독려 차원이었다는 해명에도 불구하고 대한노인회의 정계 은퇴 요구 시위가 이어지면서 결국 17대 총선 비례대표 후보에서 사퇴해야 하였다.

그해 유시민 당시 의원은 중앙대 특강에서 "비록 30·40대에 훌륭한 인격체였을지라도 20년이 지나면 뇌세포가 변해 전혀 다른 인격체가 된다"며 "제 개인적 원칙은 60대가 되면 가능한 책임있는 자리에 가지 않고, 65세부터는 절대 가지 않겠다는 것"이라고 말하였다. 해당 발언은 '60대가 되면 뇌가 썩는다'는 수위 높은 발언으로 와전되어 전국적으로 퍼졌다.

천정배 당시 원내대표는 같은 해 9월 방미 중 진보정당에 대한 교포 노년층의 시각을 언급하는 과정에서 '노인들은 곧 돌아가실 분이다'라고 말한 것으로 알려져 논란이 되었다.

2012년 제19대 총선을 앞둔 민주통합당 시절에는 김용민 당시 서울 노원갑 후보가 8년 전 인터넷 방송에서 한 "시청역 계단을 하나로 만들고 엘리베이터 다 없애면 (노인들은) 엄두가 나질 않아서 시청을 오지 않을 것"이라는 발언이 논란이 돼 낙선으로 이어졌다. 윤호중 의원은 지난해 6·1지방선거 지원 유세에서 국민의힘 증평군수 후보로 나온 탤런트 송기윤(70)씨의 나이를 언급하며 "일흔이 넘으셔서 새로운 걸 배우시기는 좀 그렇다"라고 말해 비판받았다.

조국 전 법무부 장관 역시 2011년 부모님이 투표를 못 하게 여행을 보내드렸다는 트위터 메시지에 "진짜 효자"라고 하였다가 여론의 뭇매를 맞았다.

설훈 의원은 2014년 79세 자니윤이 한국관광공사 상임감사에 임명되자 "인간은 연세가 많으면 판단력이 떨어진다"라거나 "정년이라는 제도를 왜 뒀나. 인간이 연세가 많으면 판단력이 떨어져 쉽게 하는 것이다. 79세면 은퇴해 쉴 나이 아니겠냐"라고 하였다.

문재인 전 대통령도 "바꿔야 한다는 의지가 어르신들에게는 없는 거죠"라며 노임폄하 발언을 하였다.

이런 상황에서 김은경 위원장의 '노인 비하' 발언이 나온 것이다. 이쯤 되면 거의 습관적이라고 할 만하다.

물론 여권 인사 가운데서도 '노인 비하' 발언으로 물의를 빚은 인사가 전혀 없는 건 아니다.

여권에선 국민의힘 하태경 의원이 바른미래당 소속이던

지난 2019년 5월 22일 최고위원회의에서 유승민계의 사퇴 요구에도 물러나지 않는 손학규 대표를 향해 "나이가 들면 정신이 퇴락한다"라고 말했다가 호된 비판에 직면하였다.

21대 총선 직전인 2020년 4월에는 미래통합당 소속 김대호 서울 관악갑 후보의 "나이가 들면 다 장애인이 된다"라는 발언이 논란이 되자 당 지도부가 고개를 숙이기도 하였다.

 황병열의 회초리

현재 65세 이상의 노인 인구가 전체 인구의 약 14%에 달하는 고령사회로 진입했다. 노인 문제 해결과 노인 복지 실현이 국가의 중대사로 부각할 수밖에 없다.

경로 현장에 "노인은 우리를 낳아 기르고 문화를 창조·계승하며, 국가와 사회를 수호하고 발전시키는 데 공헌하며 온 어른으로서 국민의 존경을 받으며, 노후를 안락하게 지내야 할 분이다. 그러나 인구의 고령화와 사회 구조 및 가치관의 변화는 점차 노후 생활을 어렵게 하고 있다. 우리는 고유의 가족 제도 아래 경로효친과 인보상조(隣保相助)의 미풍양속을 가진 국민으로서, 이를 발전시켜 노인을 경애하고 봉양하여 노후를 즐길 수 있도록 노인 복지 증진에 정성을 다하여야 한다"고 되어 있다.

이를 구현하기 위해 첫째, 노인은 가정에서 전통의 미덕을 살려 자손의 극진한 봉양을 받아야 하며, 지역 사회와 국가는 이를 적극 도와야 한다. 둘째, 노인은 의식주에 있어서 충족되고 안락한 생활을 즐길 수 있어야 한다. 셋째, 노인은 심신의 안정과 건강을 누릴 수 있어야 한다. 넷째, 노인은 취미 · 오락을 비롯한 문화 생활과 노후 생활에 필요한 지식을 얻는 기회를 가져야 한다고 하였다.

그런데 실상은 어떤가.

노인을 공경하는 경로우대 사상이 점차 사라지고 있다는 느낌이다.

노인 공경은 '노인이 되는 것을 인생이 완성되어 가는 것'으로 이해할 때 가능한 일이다. 효(孝)가 노인을 뜻하는 노(老)와 연관된 것도 이 때문이다. 조선 시대 조정에서 80세 이상의 노인에게 '노인직'이라는 관직 부여하거나 장수를 선정(善政)과 효행의 결실로 보는 것도 모두 이런 이유다.

서울의 왕궁과 지방의 관아에 정기적으로 노인들을 초대하여 장수를 장려하고 연회를 베풀기도 하였다.

그런데 이렇게 아름다운 노인 공경 사상이 정치권의 인

사들로 인해 무너져 내리고 있는 현실이 안타깝기 그지없다.

노인 문제를 해결하기 위해서는 자녀들이 노인들을 보살펴 주고, 사회적으로는 노인 복지 시설과 양로원을 많이 설립하여 보호해야 하며, 평생 교육을 통하여 노인들 스스로도 해결책을 모색해야 한다. 여가 활용 프로그램을 개발하는 것도 중요하다.

정치의 역할은 그런 일을 할 수 있도록 제도적으로 뒷받침해주는 것이란 점을 잊어선 안 된다.

저자가 대한노인회 수석 부회장과 대변인을 기꺼이 맡은 것은 노인을 공경하는 정치인의 모습을 보여주어야 한다는 사명감 때문이었다.💬

제8장

이재명의 '방탄국회'

이재명의 '방탄국회'

"성남시장 두 번, 경기도지사 한 번, 대통령 후보, 그다음에 아주 안전한 지역을 찾아서 계양으로 출마했고 당 대표 출마까지 다 해서, 모든 권력을 지금 다 거머쥐고 있어 사당화라는 이야기를 듣는다."

민주당 이원욱 의원이 이재명 대표의 권력욕을 지적하면서 한 발언의 일부다.

그는 또 노무현 전 대통령과 김대중 전 대통령의 사례를 언급하면서 "노 전 대통령이 종로에서 안정적으로 당선될 수 있음에도 부산을 찾아가면서 대선 후보로 크고 지도자의 모습을 진정으로 보여주었다. 김 전 대통령은 총재시절 비례대표를 받더라도 이길까 말까 한 상황에 떨어질 만한 아주 뒷순위를 받았다. 그런데 이 대표는 그런 결단을 한 번도 보여준 적이 없다. 항상 도망가고 최고의 좋은 곳, 말하자면 따뜻한 아랫목을 찾아가는 사람인데 그래서는 당의 통합을 얘기할 수 없다"라고도 하였다.

사실이다. 방탄을 향한 그의 권력욕은 혀를 내두를 정도다.

그는 대장동 개발 특혜의혹 등 온갖 의혹이 제기된 상태에서도 운 좋게(?) 민주당 대선 후보로 선출되었으나 그로 인해 민주당은 정권을 내줘야 하였다.

대통령 선거에서 패배한 정당의 후보는 자숙의 시간을 갖는 게 통상적이다.

그런데 '권력의 화신' 이재명은 달랐다.

그는 지난해 6월 1일, 송영길 전 대표의 지역구였던 인천 계양을 보궐선거를 통해 국회에 입성한다. 두 달 뒤 치러진 전당대회에서는 압도적 득표율로 당 대표가 됐다. 당장 불체포특권을 노린 '방탄용 출마'라는 지적이 나왔다.

그의 인천 계양을 국회의원 보궐출마는 그 과정부터 한 편의 코미디를 방불케 하였다.

사실 대선 패배 당사자 그 직후에 치러지는 국회의원 보궐선거에 출마한다는 자체가 난센스다.

설사 백번 양보해 그의 출마를 받아들인다고 해도 성남 시장과 경기도지사를 지낸 그가 성남 분당갑 보궐선거를 외면하고 아무 연고도 없는 인천 계양을 선거에 뛰어든 것은 누가 보아도 이상한 일이다.

특히 느닷없이 송영길 전 대표의 지역구에 출마 선언하고 송영길이 압도적 패배가 예상되는 서울시장 후보로 나오는 공천과정은 누가 봐도 상식을 넘어선 기괴한 결정이었다.

대체 무슨 일이 있었던 것일까?

뒤늦게 이재명이 6.1 보궐선거 당시 당 지도부에 자신의 인천 계양을 공천을 압박했다는 의혹이 불거졌다.

이재명은 당의 요청에 따라 나왔다고 했지만, 알고 보니 '셀프공천'이라는 비판도 나왔다.

이재명을 둘러싼 이른바 '셀프공천' 의혹은 박지현 전 민주당 공동비상대책위원장이 "인천 계양을 보선 당시 이 의원이 자신을 공천해 달라고 직접 요청했다"라고 폭로하면서 처음 불거졌다.

실제로 박 전 위원장은 한 언론 인터뷰에서 "이 의원이 본인을 계양을로 '콜' 해 달라고 직접 전화해 압박을 한 부분도 있다"라며 "호출을 안 하면 당장 손들고 나올 기세로 말해 공천 결정을 했지만, 그 후 옳지 않다는 판단에 지금까지도 후회하는 부분"이라고 털어났다. 이는 지난 보궐선거에서 이 의원이 자신의 정치적 근거지인 성남 분당갑 대신 인천 계양을 택한 것이 논란이 되자 '당의 요구'를 출마 배경으로 들었던 것과 정면으로 배치되는 내용이다.

이에 설훈 의원은 "(이재명이)경기지사를 하다가 대통령 선거에서 지고 지방선거를 이끈다면서 총괄선거대책위원장을 맡아서 나섰는데 공천과정이 좀 이상하다고 생각했다"

며 "이런 폭로가 나왔는데 정치적으로 볼 때 참 안타깝다"라고 하였다.

그러면서 "그렇게까지 해서 국회의원을 해야겠다고 생각했는지, 이 점은 이해하기 쉽지 않다"라고 고개를 설레설레 흔들었다.

박용진 의원은 "그런 식으로 공천에 압력을 가하고 '셀프 공천'할 수 있었다면 이 의원이 당 대표가 됐을 때 사감 공천, 부당개입 등 논란으로 번질 가능성이 있다"라고 우려하였다.

그는 "지난 선거에서 낙선한 후보자들 얘기 들어보면 자신에 대한 평가보다 계양 공천에 대한 비판이 나와 선거를 치르기 힘들었다더라"라며 "당이 불러서 나왔다고 했던 이 의원의 주장과는 다르게 당에 불러달라고 요청을 했다는 얘기가 나온 거니까, 이와 관련해 계양 공천은 비판받아야 한다"라고 강조하였다.

이재명은 민주당 텃밭에서 손쉽게 금배지를 달았지만, 당 안팎에서는 그의 명분 없는 계양을 출마를 지방선거 참패와 연결하며 책임을 추궁하였다.

박지현 폭로 직후 강병원 의원은 페이스북에 "박 전 위원장의 증언이 사실이라면 이 의원의 그동안 주장은 모두 거짓이라는 얘기가 된다"라며 "이 의원은 공천에 대한 상세한 입장을 밝히고 반드시 합당한 책임을 져야 한다"라고 압박하였다.

당시 비대위원이었던 조응천 의원은 "비대위 시절 박 전 위원장이 다른 안건에 대해선 저와 의견을 함께 했으나, 유독 송영길 전 대표의 서울시장 후보 컷오프 결정 번복과 이 의원의 공천에 대해선 비정상적이라고 할 만큼 집요하게 집착했다. 이제야 당시 상황이 이해가 된다"라고 하였다.

조응천 의원에 따르면, 박지현 전 위원장이 5월6일 비대위 모두발언으로 '이 의원이 6월 보궐선거에 나와야 할 뿐만 아니라 지방선거도 책임지고 지원해야 한다'고 말했던 날, 사전 비공개회의에서 모든 비대위원이 극구 만류했다. 처음에는 '그럼 안 하겠다'라며 반대 의견에 수긍하였던 박 전 위원장이 이어진 공개회의에서 발언을 강행해 모두가 경악하였다고 한다.

한 의원은 "윤호중 당시 비대위원장도 계양을에 한사코 출마하겠다는 이 의원과 긴 시간 이야기하면서 '당은 계양을 출마를 요청할 수 없으니 개인적으로 출마 선언하라'고 말한 것으로 안다"라며 "그래서 이 의원이 박 전 위원장에게 수차례 전화를 걸어 (계양을 공천을) 강요한 것"이라고 증언하기도 하였다.

이에 대해 이재명은 지금까지 아무런 해명을 하지 않고 있다.

그가 직접 총괄선거대책위원장을 맡아 지휘한 6.1 지방선거에서 민주당은 참패하였다.

당시 광역단체장 17명, 교육감 17명, 시·군·구 기초단체장 226명, 광역의원 824명, 기초의원 2천927명 등 지역 일꾼이 선출되었다. 대구 수성을, 인천 계양을, 경기 성남 분당갑, 강원 원주갑, 충남 보령·서천, 경남 창원시 의창구, 제주 제주을 등 총 7곳에선 국회의원 재보궐 선거가 있었다.

민주당은 이 선거에서 전국 광역단체장 17곳 중 5곳을 확보하는 데 그쳤다. 경기(김동연), 광주(강기정), 전남(김영록), 전북(김관영), 제주(오영훈) 등 5곳에서 승리했다. 김동연 후보의 개표 막판 역전으로 수도권 전패는 겨우 피했다. 김 후보는 국민의힘 김은혜 후보를 0.15% 포인트(8천913표) 차로 꺾고 당선됐다. 개표 시작 이후 줄곧 뒤지다 새벽 5시32분께 역전해 격차를 벌이며 신승했다. 국회의원 재보선에선 인천 계양을(이재명)과 제주시을(김한규)에서만 당선자를 배출하였다.

민주당의 대선 후보였던 이재명의 성급한 등판이 도리어 여권 지지층의 결집을 불렀고, 선거 막판 당과 상의 없이 던진 '김포공항 이전' 공약이 전체 판세에 '역효과'를 냈다는 지적도 나왔다. 그런데도 총괄선거대책위원장으로 선거를 직접 진두지휘한 이재명은 아무런 책임도 지지 않았다.

오히려 그로부터 두 달 뒤에 치러지는 전당대회에 당 대표로 출마하는 뻔뻔함을 보였다.

당내에선 그의 불출마를 요구하는 압박이 계속됐지만, 권력욕에 눈이 먼 그는 이런 당내 반발 따위는 안중에도 없었다.

실제로 민주당 재선 의원들은 "대선과 지방선거 패배와 관련해 책임 있는 사람은 전당대회에 출마하지 않아야 한다"라고 촉구하였다.

구체적으로 실명을 거론하지는 않았으나 사실상 대선에서 대통령 후보와 지방선거에서 총괄선대위원장을 맡았던 이재명 의원을 향한 '저격' 발언이라는 해석이 나왔었다.

송갑석 의원은 당일 오후 국회 소통관에서 기자회견을 갖고 '더불어민주당 전당대회에 관한 당 재선 의원의 입장'을 발표하였다.

재선 의원들은 입장문을 통해 "대선·지선 패배에 중요한 책임이 있는 분들은 이번에 나서지 말 것을 촉구한다"라면서 "이번 전당대회가 계파 간 세력 싸움이 되지 않게 노력해야 한다"라고 밝혔다.

이에 따라 당대표 출마가 점쳐졌던 '3철' 전해철 의원이 불출마를 선언하였다.

그는 자신의 SNS에 "(재선 의원들 입장문은)민주당의 혁신과 통합을 위한 진정성으로 이해하고 취지에 동의한다. 따라서 저는 이번 전당대회에 불출마하고, 민주당의 가치 중심으로 당을 이끌어나갈 당 대표와 지도부가 구성될 수 있도록 힘을 보태겠다"라고 하였다.

그러면서 "지금의 혼란스러운 상황이 하루빨리 수습되고 민주당의 미래를 위한 비전과 과제가 활발히 논의될 수 있는 토대를 만들기 위해 저부터 모든 것을 내려놓겠다"라고 밝혔다.

전 의원의 이 같은 발언은 재선 의원들의 요구에 부응함과 동시에 이재명 의원에 대한 압박 수위를 높여가는 것으로 보인다.

박용진 의원도 대선 패배 이후 6.1 지방선거에 조기 등판한 이재명 의원이 당권까지 도전하는 것은 무리라는 뜻을 피력하였다.

하지만 이재명은 끝내 전당대회에 출마하고 말았다.

새로 선출될 당 대표는 임기가 2년이라, 2024년 4월 총선 공천권을 행사하게 돼 권한이 막강하다. 이재명 입장에서는 대선 '재도전'을 위해 당권을 쥐고 세를 키우는 것이 필요했을지도 모른다.

결국, 이재명의 소원대로 그는 당 대표로 선출되었다.

하지만 그의 임기 1년이 민주당에는 '악몽의 시간'이었다.

이재명 대표의 사법리스크 탓이다.

민주당에서는 과연 이재명 대표 체제로 내년 선거를 치를 수 있느냐가 초미의 관심사다.

대장동 특혜 개발 의혹 등을 비롯한 이 대표의 '사법 리스크'가 당에 미칠 악영향을 우려하는 목소리가 나온다.

공직선거법 위반 혐의와 대장동 특혜 개발 의혹 등으로 기소된 이 대표가 계속 법원에 출석하는 장면이나 재판 증인석에 선 이들이 내놓은 불리한 증언 등은 민주당에 큰 부담이다.

이 같은 '사법 리스크'의 분수령으로 대장동 일당에게 뇌물을 받은 혐의로 재판에 넘겨진 정진상 전 민주당 대표실 정무조정실장이나 불법 대선 경선 자금을 받은 혐의로 기소된 김용 전 민주연구원 부원장의 1심 판결 결과가 주목된다.

이 대표의 최측근으로 꼽히는 이들의 1심 판결이 이 대표 본인의 재판 결과를 미리 보여주는 바로미터가 될 수도 있어서다.

'사법 리스크' 우려가 현실이 되면 해가 바뀌기 전 이 대표가 사퇴하고 당은 비대위 체제로 전환해 총선에 대비하는 이른바 '질서 있는 퇴진론'이 나오는 것은 이런 연유다.

이는 2016년 총선에서 당시 문재인 대표가 2선으로 물러나고 '김종인 비대위 체제'로 선거를 치러 승리한 과정과 유사하다.

하지만 그 가능성도 희박하다.

옥중공천 이야기까지 공공연하게 나올 정도다.

사실 이재명 대표는 지금 정상적인 당무가 불가능한 상황이다. 위증교사혐의 등 일부 범죄에 대해서 소명됐음에도 당 대표라는 특수한 위치에 있는 탓에 구속영장이 기각됐지만, 범죄 혐의가 너무 많아 매주 법정에 출석해 재판을 받아야 한다. 검찰이 다시 구속영장을 청구할 가능성도 있다.

　통상 이런 지경이라면 누구라도 당 대표직에서 물러나는 게 맞다. 그런데도 이재명 대표는 물러날 생각이 추호도 없다. 심지어 이른바 친명계 의원 입에서는 '옥중공천' 이야기까지 공공연하게 흘러나오고 있다.

　지금 이재명의 범죄 혐의와 의혹은 무수히 많다.

　우선 당장 대장동 개발사업 특혜 논란이 문제가 되고 있다.

　성남시장 재직 시절 민간업자들에게 유리한 대장동 개발사업 구조를 승인해 성남도시개발공사에 4895억원의 손해를 끼친 혐의, 측근들을 통해 직무상 비밀을 업자들에게 흘려 7886억원을 챙기게 한 혐의(이해충돌방지법 위반) 등으로 2023년 3월 22일 불구속 기소되었다.

　성남판교대장도시개발사업은 공공·민간 공동 사업으로 진행 됐는데 환수액을 제외한 막대한 이익금의 대부분은 지분을 단 1% 소유한 민간업체 화천대유자산관리로 돌아간다. 해당 회사는 특정 개인이 지분을 100% 소유하고 있다.

　민주당 대선 경선 당시 이낙연 후보가 대장동과 관련하

여 이재명 후보를 공격하면서 20대 대선에서 선거판의 논란거리로 부상하였으며, 경선 이후 본선 과정에서는 윤석열 후보 또한 이 부분을 집중공략하였고 이재명 후보 측도 본인의 결백함을 주장하는 동시에 윤 후보 측의 부산저축은행 대장동 불법대출 부실수사 의혹을 꺼내는 등 20대 대선에서 양 후보 모두에게 뜨거운 감자로 부상했던 사건이다.

화천대유 권순일 재판거래 의혹도 문제다.

이재명은 2018년 6?13 지방선거 TV토론회에서 "친형의 정신 병원 강제 입원에 관여하지 않았다"라며 허위사실을 공표한 혐의로 2019년 9월 6일 항소심에서 당선무효형에 해당하는 벌금 300만원을 선고받았다. 그러나 2020년 7월 권순일 대법관은 이재명 경기도지사의 공직선거법 위반 사건 선고에서 무죄 취지의 파기 환송을 주도하였고, 2020년 11월부터 대장동 개발 특혜 의혹을 받는 화천대유자산관리 고문으로 재직하며 1억5000만원의 고문료를 받아서 재판거래 의혹을 받는다.

대장동 '50억 클럽' 의혹을 수사하고 있는 검찰은 구속한 박영수 전 특별검사를 추가 조사한 뒤 권순일 전 대법관 등에 대한 의혹을 본격 수사할 것으로 알려졌다.

권 전 대법관은 대장동 사건과 관련해 여러 의혹을 받아 왔다. 그는 대법관 재임 중이던 2020년 7월 이재명 더불어민주당 대표의 과거 선거법 위반 재판에서 무죄 취지 파기 환송 판결을 주도한 의혹이 제기되는 인물이다.

법조계에 따르면 권 전 대법관은 이재명 대표 사건 전원합의체에서 "표현의 자유를 보장해야 한다"며 법관들에게 적극적으로 무죄를 설득했고 결국 7 대 5 아슬아슬한 무죄 판결을 끌어내었다. 이에 일각에선 권 전 대법관의 이런 노력이 과연 법관으로서 양심에 따른 것인지 깊은 의심이 든다는 목소리가 나온 것으로 알려진다.

이 판결 덕분에 이재명 대표는 당선무효 및 피선거권 박탈 처분을 면하고 대권주자로 까지 발돋움할 수 있었다. 당시 재판을 전후해 대장동 사건 핵심인 김만배(화천대유 대주주)씨가 권 전 대법관의 대법원 사무실을 8차례 찾아갔다는 대법원 청사 출입 기록이 공개되기도 했다.

그런데 이 판결에 참여한 권 대법관이 이 대표에 대한 대법원의 무죄 취지 판결이 나오고 두 달이 지난 2020년 9월 퇴임한 뒤 김만배씨가 대주주인 화천대유 고문으로 취업한 것으로 나타났다. 권 전 대법관은 총 1억5000만원을 급여로 받은 것으로 알려졌다.

이재명은 성남FC 불법 후원금 혐의도 받는다.

성남FC 구단주를 겸임하던 2014년부터 2017년까지 두산건설, 네이버, 차병원, 푸른위례 등 4개 기업으로부터 후원금 133억원을 뇌물로 받고 그 대가로 건축 인허가·토지 용도 변경 등 편의를 제공한 특정경제가중처벌법상 제3자뇌물수수 혐의가 있다는 것이다.

2018년, 바른미래당 의원들이 고발한 사건으로, 2015년 당시 성남시장 이재명이 성남시 정자동 일대 두산그룹 등 기업들에게 인허가를 제공하는 대신, 성남 FC 후원금 명목으로 두산으로부터 40억여원을 후원하게 하고 돈의 일부가 유용됐다는 의혹이 일어 제3자뇌물공여죄로 경찰에 고발되었다. 이때 분당경찰서에서 서면조사를 실시한 후 검찰에 불송치 결정을 내려 사건이 종결되었으나, 고발인들이 이의 신청하여 검찰에서 재차 수사하게 되었다.

검찰은 지난해 9월 해당 의혹 관련 성남시 공무원과 두산건설 전 대표 등을 기소한 데 이어 올해 3월 이 대표와 정진상 전 민주당 당대표실 정무조정실장, 네이버와 두산건설 전 임원 등을 추가 기소하엿다.

또 이 대표, 정진상 전 대표실 정무조정실장과 공모해 이들 기업에 후원금을 내도록 한 혐의로 경기도 공무원, 전 성남FC 대표 이모씨 등도 함께 재판에 넘겼다.

'성남FC 후원금 의혹'으로 기소된 두산건설·네이버 전직 임원들에 대한 재판은 11월 본격적인 증인신문 절차에 돌입한다.

대북송금 대납 의혹도 문제다.

경기도지사였던 이재명은 2018년 이화영을 경기도 평화부지사로 임명하였고, 2019년부터 이화영과 공모해 김성태 쌍방울 그룹 회장에게 800만 달러(약 100억원)를 북한에 대납하도록 했다는 혐의를 받는다.

수원지검 형사6부는 이재명이 경기도 지사였던 2019년 쌍방울그룹 김성태 전 회장에게 북한 스마트팜 사업비용 500만 달러, 도지사 방북 비용 300만 달러 등 800만 달러를 대신 북측에 내도록 한 것으로 보고, 이 대표를 제3자 뇌물 혐의 피의자로 입건하였다.

앞서 지난 2월, 검찰은 김성태 전 회장을 횡령·배임 등 혐의로 재판에 넘기면서, 경기도를 대신해 북측에 800만 달러를 불법 송금한 혐의도 적용하였다.

검찰은 지난 6월 이화영으로부터 "김 전 회장에게 경기도지사 방북 비용을 요청했고, 이를 이 대표에게도 보고했다"라는 취지의 진술을 확보한 바 있다.

결국, 검찰은 최근 이 대표를 대북송금 의혹과 관련해 제3자뇌물 혐의를 적용해 불구속 입건했다. 형법 130조(제3자뇌물제공)는 공무원이 그 직무에 관해 부정한 청탁을 받고 제3자에게 뇌물을 공여하게 하거나 공여를 요구 또는 약속한 경우 5년 이하의 징역 또는 10년 이하의 자격정지에 처한다고 규정한다.

검찰은 이 대표가 경기도지사 시절 도지사의 방북을 추진하면서 북한이 요구한 방북비용 300만 달러를 김성태 전 쌍방울 그룹 회장이 대납하는 과정에 관여한 것으로 보고 있다.

앞서 검찰은 지난 3월 쌍방울로부터 뇌물을 받은 혐의로 구속기소된 이화영 전 경기도 평화부지사를 대북송금에 관여한 혐의(외국환거래법 위반)로 추가 기소한 데 이어 4월엔 제3자뇌물 혐의로 추가 입건해 조사해왔다.

이재명에게는 위증교사 혐의도 있다.

2018년 12월 김병량 전 성남시장의 수행비서였던 김진성에게 자신의 검사 사칭 사건 관련 공직선거법상 허위 사실 공표 혐의 재판에서 위증해달라고 요구한 혐의를 받는다.

이 사건은 법원에서도 소명됐다고 인정한 만큼 유죄 확정 가능성이 가장 큰 사건이다.

그런데 이 대표 측은 위증교사 사건과 대장동·백현동 특혜 개발 사건 재판 병합해 달라고 요청한 상태다.

그렇게 되면 이 사건도 재판이 지연되어 늦게 판결이 날 수밖에 없다.

이에 대해 검찰은 위증교사 사건은 이미 병합된 지자체장 인허가를 이용한 토건비리 의혹인 대장동·백현동 특혜 개발 사건과 관련성이 없는 만큼 별도로 진행해야 한다는 입장이다.

이란 가운데 위증 당사자로 함께 재판에 넘겨진 고 김병량 성남시장의 수행비서 김모 씨가 검찰 수사 과정에서 신속하게 재판을 받고 싶다는 취지로 의견을 밝힌 것으로 파악됐다. 김 씨는 최근 법원에 제출한 의견서에도 다른 재판과 병합에 반대하며 신속한 재판을 원한다는 의견을 담은 것으로 알려졌다.

최근 김 씨는 위증교사 사건과 대장동·백현동 개발 특혜 개발 사건 재판 병합 여부를 논의할 서울중앙지법 형사33부(부장 김동현)의 공판준비기일에 참석하고 병합에 반대한다는 의견서도 제출하였다고 한다. 공판준비기일에서 김 씨는 병합 반대 의사를 밝힐 가능성이 큰 것으로 전망된다.

이 대표가 중앙지법 형사 33부에서 받는 재판은 △대장동·위례신도시 특혜 개발 사건 △성남FC 불법 후원금 사건 △백현동 특혜 개발 사건△위증교사 사건 네 건으로 위증교사 사건을 제외한 세 건은 이미 병합됐다. 만약 위증교사 사건이 다른 세 건과 병합될 경우 1심 선고까지 상당한 기간이 걸릴 것을 보인다.

반면 위증교사 사건이 병합이 되지 않고 별도 재판이 진행될 경우, 사건 구조가 비교적 단순한 만큼 내년 초 선고가 이뤄질 가능성이 크다. 특히 이 대표가 김 씨에게 수차례 직접 전화를 걸어 위증을 요구한 내용이 담긴 녹취록이 존재하고, 지난 9월 이 대표 영장을 기각한 판사도 "위증교사 혐의는 소명된 것으로 보인다"라고 밝힌 만큼 유죄 가능성이 크다는 말이 나온다.

백현동 개발사업 특혜 혐의도 있다.

성남시장이던 2014년 4월부터 2017년 2월까지 분당구 백현동 개발사업 과정에서 민간업자에게 특혜를 몰아줘 1356억원의 이익을 독차지하게 하고, 사업에 배제된 성남도시개발공사에 최소 200억원의 손해를 끼친 혐의를 받는다. 이재명의 성남시장 선거를 도운 김인섭에게 각종 인허가권을 행사해준 혐의를 받는다.

백현동 개발사업 인허가에 영향력을 행사했다는 의혹이 제기된 김인섭이란 인물은 이재명 대선 후보의 2014년, 2018년 지방선거 출마 당시 정치후원금 모금에 관여한 것으로 드러났다. 김인섭은 이재명의 2006년 성남시장 선거 캠프에서 선대본부장을 맡았고 2010년 성남시장 선거 캠프에도 참여하는 등 꽤 오래전부터 이재명 측과 관계를 맺어온 인물이다.

백현동 개발 사업에 대한 관련된 환경영향평가에 이재명의 최측근으로 꼽히는 김현지 전 경기도 비서관이 관여한 사실도 확인됐다. 김현지가 사무국장으로 있던 시민단체 '성남의제21'가 성남시에 백현동 환경영향평가 의견서를 낸 것이다.

서울중앙지방검찰청 반부패수사1부(엄희준 부장검사)는 사업 과정에서 '대관 로비스트'로 지목된 김인섭 전 한국하우징기술 대표의 구속영장을 청구하였고, 서울중앙지법 이민수 영장전담 부장판사는 김 전 대표의 구속 전 피의자 심문(영장 심사)을 한 뒤 "증거인멸의 우려가 있다"며 영장을 발부하였다.

이런 상태라면 통상 당 대표직에서 물러난 게 맞다.

그러나 이재명은 전혀 그럴 생각이 없어 보인다.

그는 자신의 사퇴설에 대해 "78%라는 역사에 없는 압도적 지지로 당 대표가 됐고 지금도 그 지지는 유지되는 정도를 넘어서 더 강화된다"라며 "내년 총선을 어떻게 해서든 반드시 이긴다는 게 우리에게 주어진 사명이고 제가 해야 할 가장 중요한 일"이라고 일축하였다.

오히려 그는 자신의 체포동의안이 국회로 넘어오자 당 대표직을 '방탄용'으로 사용하기도 하였다.

실제로 그는 체포동의안이 국회로 넘어올 즈음에 뜬금없는 단식 선언을 했다.

체포동의안 부결을 노린 꼼수다. 아니나 다를까, 당내 분위기는 그가 의도한 대로 흘러갔다.

'사즉생 각오'를 밝힌 제1야당 대표의 '단식' 선언이 당내에서 동정론을 형성하게 된 것이다.

실제로 이재명 단식에 문재인 전 대통령은 물론 상임고문까지 격려 메시지를 내면서 그간 계파 간 갈등에 신음하던 민주당이 본격 단일대오를 형성하는가 하면 동정론에 힘이 실렸다.

문재인 전 대통령은 당시 이 대표에게 전화를 걸어 격려

하였다.

문재인에 이어 이부영 자유언론실천재단 이사장 등 민주화 원로 비상시국회의 상임고문 그다음 날 이재명을 격려 방문했고 정청래 최고위원 등 일부 지도부도 릴레이 동조 단식에 나섰다.

이런 분위기라면 비명계도 체포동의안에 선뜻 찬성표를 던지기 어려울 것이란 관측이 나왔다.

당 대표가 곡기를 끊어가며 대여 투쟁 대오를 이끌고 '부당한 정치 수사'라며 검찰과 대립각을 세우는 마당에 무조건 가결 표를 던지는 건 가혹하다고 생각하는 사람들이 늘어나게 될 것이기 때문이다.

하지만 결과는 체포동의안은 가결이었다.

이재명의 단식 선언 꼼수가 국회에서 통하지 않은 것이다.

그런데 그것이 통한 건 아이러니하게도 법원이었다.

유창훈 부장판사가 그의 구속영장을 기각한 것이다.

이에 대해 조정훈 시대전환 의원은 "야당 대표라서 봐줬다"라고 지적하였다.

조 의원은 "영장기각 문구를 수 십번 읽었다. 이 대표가 그렇게 국회의원과 당 대표가 되고 싶었던 이유를 유 판사가 수용한 것이라고 본다"라고도 하였다.

조 의원은 제도적인 문제로 법원의 구속영장 발부 기준

에 일관성이 없다고 지적하기도 하였다.

그는 "야구로 치면 스트라이크존이 고무줄처럼 운영되는 거 같다. 땅볼조차 스트라이크로 운영하는 게 아닌가 한다. 피의자 구속영장 (청구)를 놓고 10명의 판사에 블라인드 테스트를 하면 개인마다 다를 수 있다. 누가 판단하느냐에 따라 구속될 수도 아닐 수도 있다"라고 꼬집었다.

총선이 불과 5개월 앞으로 다가오면서 여야 내부에서 지도부와 중진을 겨냥한 '불출마' 혹은 수도권 등 '험지 출마' 목소리가 나오고 있다.

인요한 국민의힘 혁신위원장이 지도부와 중진, 대통령 측근들에게 내년 총선 불출마를 선언하거나 수도권 험지에 출마할 것으로 요구하였다.

민주당에서는 김두관 의원이 공개적으로 지도부 험지 출마를 요구하였다.

사실 총선에서 지도부 등에 대한 불출마, 험지 출마 요구는 새로운 것이 아니다. 선거를 앞두고 다선, 정치적 중량감이 있는 인물들이 정치적 결단을 통해 '혁신'의 모습을 보여줄 수 있기 때문이다.

그런데 현재까지 민주당에서 불출마를 선언한 다선 의원은 6선의 박병석 의원뿐이다.

민주당은 이재명 대표 험지 출마 목소리에 거리를 두는 모습이다. 조정식 사무총장은 이재명 대표에 대한 험지출마 요구가 나오는 것에 대해 "당내에서 그런 검토가 논의되는 것은 없다"라고 일축하였다.

친명계 좌장격인 정성호 의원은 "험지 출마는 낯선 데 가서 죽으라는 것"이라며 발끈하였다.

특히 이재명 대표는 총선 인재 영입기구인 인재위원회 위원장을 자신이 직접 맡기도 하였다.

권력을 내려놓을 생각이 추호도 없다는 것을 노골적으로 드러낸 셈이다.

황병열의 회초리

진중권 광운대 특임교수가 이재명 대표의 대표직 유지에 대해 "3심에서 (유죄 판결이) 확정돼도 그럴 것"이라고 꼬집었다.

진 교수의 이런 발언에 '설마' 하며 고개를 갸웃거리는 사람들도 있을 것이다.

하지만 그건 이재명 대표를 잘 몰라서 하는 소리다.

이재명 대표는 대장동 비리와 성남FC 불법 후원금 의혹으로 기소된 날 곧바로 당무위를 통해 '기소 시 당직 정지'를 규정한 당헌 80조의 예외 조항을 적용해 자신의 대표직 유지를 공식화하였다.

그런데 당무위 의장은 이재명 대표다. 비록 그날 당무위는 국민의 눈치를 살피느라 박홍근 원내대표가 주재했다고는 하지만, 사실상 이 대표가 '셀프 구제'에 나선 셈이다.

보통의 상식을 가진 정치인이라면 부끄러워 감히 생각조차 할 수 없는 일을 버젓이 행한 그다.

당헌 80조는 '부정부패 관련 혐의로 기소된 당직자의 직무를 기소와 동시에 정지할 수 있다'라고 돼 있다. 문재인 전 대통령이 당 대표 시절 만든 '반부패 혁신안'의 대표 내용이다. 다만, 정치탄압으로 인정될 경우 직무 정지를 면할 수 있는 예외 조항을 뒀는데, 당무위가 이 대표의 기소를 '정치탄압'으로 판단한 것이다.

그러니 민주당 당무위가 이 대표 방탄을 위해 부정부패 혁신안의 상징인 당헌 80조를 무력화했다는 비판이 나오는 것도 무리는 아닐 것이다.

심지어 "민주당 당무위가 '이재명 호위무사'가 됐다"라는 비판의 목소리도 나왔다.

하지만 이건 이재명 대표의 탐욕을 드러내는 작은 신호탄에 불과하다.

친명계 의원들의 입을 통해 '옥중공천 불사'의 의지를 노골적으로 드러내고 있다.

실제로 친명계 의원들은 그동안 당 안팎에서 제기됐던 '질서 있는 퇴진' 가능성을 일축하는가 하면, 심지어 '1심에서 유죄 판결'이 내려지더라도 물러날 필요가 없다는 완강한 주장을 펼치고 있다.

어디 그뿐인가.

김용민 의원은 "법상으로는 무죄 추정의 원칙 때문에 유죄가 확정될 때까지는 문제가 없다"라며 "(1심에서 유죄가 나와도) 대표직 유지를 하는 데는 아무런 문제가 없다"라고 하였다.

결국, 이재명 대표는 기소가 되든, 1심과 2심에서 유죄 판결이 나오든 물러나지 않고 감옥에 가서라도 공천권을 행사한다는 것 아니겠는가.

이쯤 되면 진중권 교수가 "3심에서 (유죄 판결이) 확정돼도 그럴 것"이라고 꼬집은 것도 무리는 아니다.

사실 민주당 인사들의 이런 태도는 습관성이어서 새삼스러운 일도 아니다.

한명숙 전 국무총리는 그의 범죄사실이 모두 확인되고 증거가 나와 3심에서 유죄 확정판결을 받았는데도 반성은 커녕 끝까지 자신은 정치보복의 희생자라고 주장했다가 국민의 비웃음을 샀다.

조국 전 법무부 장관, 정경심 전 동양대 교수 때도 아무런 증거 없이 기소한다면 자신들이 검찰의 희생양임을 주장했으나 증거들이 속속 드러나 유죄선고를 받고 지금 한 사람은 복역 중이다.

마찬가지로 이재명 대표 역시 1심이나 2심에서 모든 범죄사실이 드러나 유죄 판결이 나오더라도 정치보복이라고 주장하며 대표직에서 물러나지 않고 '옥쇄'를 그대로 움켜쥘 가능성이 농후하다.

과연 이런 모습으로 국민의 지지를 받을 수 있을까?

정치인이 권력을 갖는 건 어쩌면 당연한 일일지 모른다.

그러나 그 권력은 자신을 위해 사용되는 것이어선 안 된다. 당을 위해서 나아가 국민을 위해서 사용되는 권력이어야 한다. 저자가 정치한다면 그렇게 할 것이다.💬

"지금까지 성취해 온 새로운 시도와 성과들은 주위 사람들의 도움 없이는 불가능했던 일들이 많았는데, 평소 사람을 존중하는 태도와 긍정적 사고, 진취적 행동 양식, 타인을 돕고자 하는 친절과 배려, 행복한 웃음, 유머를 통한 즐거운 분위기 조성 등으로 만들어진 인적 네트워크는 깊이 있는 나눔의 결실이었다고 생각한다.

앞으로도 이러한 네트워킹은 지속할 것이고, 정치 입문을 통해 꽃을 피울 것이라고 믿는다. 독자 여러분의 응원을 기대한다"

황병열 작가와의 만남

황병열 작가와의 만남

시민일보 출판사에서 인터뷰 요청이 왔다. 에필로그를 인터뷰로 마무리하는 게 좋겠다는 것이다. 내 견해를 가감 없이, 솔직하게 밝힐 수 있다는 판단에 따라 기꺼이 인터뷰에 응했다.

A 맨주먹으로 시작해 직원 150여 명의 중소기업을 일군 성공적인 CEO이자 주경야독으로 법학박사 학위를 따내고 대학에서 후학들을 양성하는 교수가 어떻게 이런 책을 쓰게 되었는지 궁금하다.

Q 제가 이룬 성공은 땀의 대가이지만 동시에 사회로부터 큰 혜택을 받았기에 가능한 것이다. 그래서 늘 사회에 환원해야겠다는 생각을 해왔고, 실제로 믿을 수 있는 각 기관에 이런저런 형태로 기부도 많이 해왔다. 그러나 개인의 기부로는 한계가 있음을 절감했고, 제도적인 지원방안을 마련해야겠다는 생각을 하게 됐다. 그러자면 제도를 만드는 입법기관의 일원이 되어야겠다는 생각에 정치현장을 들여다보기 시작하였다. 정치하더라도 이런 정치를 하여선 안 되겠다는 '반면교사'의 사례를 찾다 보니 이런 책을 쓰게 되었다.

A 첫 장에 '조국 사태'를 주제로 쓰셨는데 특별한 이유가 있는가.

Q 그게 민주당 몰락의 단초가 되는 사건이기 때문이다. 항상 입으로는 '공정'을 말하던 자가 자신의 자녀에게는 '아빠찬스'를 쓰게 하는 조국 전 장관의 비도덕성에 놀랐다. 특히 그런 조국을 질책하고 나무라야 할 민주당이 오히려 그의 친위대가 되어 그를 감싸고 옹호하는 모습을 보면서 저런 정치를 해선 안 된다는 생각을 가지게 되었다. 민주당의 그런 행태가 결국은 지난 대선에서 패배하는 주요한 원인이 되었다. 6공화국 출범 이래 불과 5년 만에 정권을 내어준 사례는 문재인 정권이 유일한데 그건 조국 사태에 민주당이 잘못 대응하였기 때문이다.

A 박원순의 '성범죄' 문제도 중요하게 다루었던데

Q 조국 사태가 정권을 내어준 결정적 계기라면 박원순의 성범죄 사건은 지방선거에 민주당이 참패한 원인이었다.

민주당은 이상하리만큼 성범죄에 대해선 유독 관대하다. 그러다 보니 민주당에선 성추문 사건이 빈번하게 발생한다.

민주당은 올해에도 당 소속 선출직 공직자들의 잇따른 성비위로 몸살을 앓았다.

강경흠 제주도의원이 음주운전에 이어 성매수 의혹으로 당에서 제명됐고, 결국 의원직에서 물러났다.

서울시의회 대표의원인 정진술 시의원은 지난 5월 당에

서 돌연 제명됐는데 제명 사유가 불륜·낙태라는 사실이 뒤늦게 언론 보도를 통해 알려졌지만, 민주당은 구체적 사유를 끝내 밝히지 않고 '쉬쉬'하며 감사는 모습을 보였었다.

민주당 출신 무소속 박완주 의원 역시 강제추행치상과 직권남용, 명예훼손 혐의로 지난달 4일 불구속기소 됐다. 정치인은 특히 성 문제에 있어서 자신에게 엄격하여야 한다. 저자가 추구하는 정치는 그런 엄격한 윤리 정치다.

A 송영길의 '돈 봉투' 문제도 상당히 비중 있게 다루었다. 개인적인 문제로 치부할 수 있는 거 아닌가.

Q 그렇지 않다. 이건 송영길 개인의 문제가 아니라 민주당, 특히 민주당 주류인 86세대 정치인들의 문제다.

사실 21세기에 20세기의 후진적 '고무신 선거'와 같은 일이 벌어진 것은 참으로 낯뜨거운 일이 아닐 수 없다.

이번 사태를 계기로 소위 민주화 운동을 했다는 386세대 정치인들의 도덕성은 치명상을 입었다. 송영길은 386의 대표 주자로 꼽혀 왔으며, 돈 봉투 연루설이 제기되는 의원들 대부분이 86세대이기 때문이다.

86그룹의 맏형으로 불리는 우상호 민주당 의원도 반성하는 모습을 보이기는커녕 되레 도·감청 사건을 덮으려는 의도로 급하게 꺼내 든 국면전환용 수사로 의심된다며 검찰을 몰아세웠다.

심지어 86 정치인으로 꼽히는 김민석 민주당 정책위의장은 '민주당 2021년 전당대회 돈봉투 사건'과 관련해 탈당을 결정한 송영길 전 대표에 대해 "물욕이 적은 사람"이라며 자신이 보증한다고 두둔하기도 하였다. 86 동지애를 유감없이 발휘하는 그의 모습이 뻔뻔하기 그지없다.

도덕적 우월성을 앞세워 정치권에 진입한 86그룹이 기득권 세력이 되면서 기존의 정치인들보다 더욱 구태 정치인이 되었다는 비판이 나오는 이유다. 특히 민주주의 꽃이라 할 선거에 매표행위를 하였다는 것은 도저히 용서할 수 없는 민주주의 파괴행위다. 정치인은 특히 돈 문제에 있어선 누구보다도 깨끗해야 한다.

A 송영길의 '돈봉투' 문제는 그렇다 하더라도 김남국의 '코인투기' 문제야말로 개인의 문제 아니겠는가.

Q 물론 그렇게 볼 수도 있다. 사실 암호화폐의 매수·매도 자체는 법적으로 문제가 될 건 아니다. 누구나 투자자산을 살 때는 현금 차익을 목적으로 매수하고 또 현금을 얻기 위해 매도하기 때문이다. 같은 의미로 암호화폐를 보유하고 있다는 사실 자체는 법적으로 문제가 되지 않았다.

그런데 이 문제를 확대한 건 김남국 자신이었다.

김남국은 지금까지 상경한 이후 월 100만을 벌게해달라고 기도했다거나, 매일 라면을 먹는다거나, 구멍 난 운동화를 아까워서 신고 다니는 등의 서민적인 정치인 이미지를 구축했기 때문에 이 사건은 일파만파로 번졌다.

　더욱 큰 문제는 김남국이 국회 회기 중 900차례에 가까운 가상자산 거래를 했던 것으로 드러났다는 점이다. 국회 자문위는 김 의원의 이러한 행위가 '겸직 금지' 의무를 위반한 수준이라고 보고 의원 제명을 권고했었다. 그런데 어떻게 되었는가. 민주당이 그를 감싸고 보호해 그의 제명안은 부결되고 말았다. 개인의 문제가 민주당 문제로 비화한 것은 그 때문이다. 민주당 '제 식구 감싸기'의 불행한 단면이다. 이런 '패거리 정치', '끼리끼리 정치'는 청산돼야할 구태 정치다.

A 민형배의 '꼼수탈당'은 헌재에서도 문제가 있다고 보았다. 그런데 정당 차원에서 당의 이익을 위해 그의 복당을 수용할 수도 있는 거 아니겠는가.

Q 인식이 문제다. 사실 그는 누가 보아도 '무늬만 무소속'일뿐 민주당 소속 의원으로서의 행보를 보였다. 실제로 무소속 의원이 뜬금없이 민주당 광산구을 지역위원회의 지방선거 공천장 수여식에 참석했는가 하면, 같은 날 출범한 강기정 당시 민주당 광주광역시장 후보 선대위 공동 상임선대위원장까지 맡고 있었다는 사실이 확인되었다. 민주당 박용진 의원도 민형배 탈당은 "명백한 편법"이며 "묘수 아닌 꼼수"라고 비판하였다.

그런데 국민의 질책을 받아야 할 그가 버젓이 민주당에 입당하였다. 그 일로 21대 국회 민주당의 탈당과 복당사가 다시 언론에 회자 되고 있다. 어쩌면 민주당은 그 한 사람을 복당시킨 일로 내년 총선에서 회초리를 맞을지도 모른다. 자업자득이다.

A 가짜뉴스를 입에 달고 다니는 민주당 김의겸 의원에게는 '양치기 소년'이라는 달갑지 않은 별명이 붙었다며 아주 강하게 질책하였는데.

Q 김의겸은 법무부 국정감사에서 '더탐사' 제보라며 '윤석열 대통령과 한동훈 법무부 장관, 이세창 전 자유총연맹 총재권한대행, 김앤장 법률사무소 변호사 30여 명이 지난 7월 함께 서울 강남구 청담동의 한 술집에서 새벽까지 술을 마시고 노래를 불렀다더라'라는 엉터리 의혹을 제기하였다.

사실관계를 확인하지도 않고 의혹 제보자의 녹취를 그대로 공개하기도 하였다.

물론 터무니없는 가짜뉴스였다. 과연 이런 행위마저 국회의원의 면책특권 범주에 놓고 보호해야 하는가.

국회의원은 헌법 제45조에 따라 국회에서 직무상 행한 발언·표결에 관해 국회 외에서 책임지지 않는 면책특권을 가진다. 이는 불체포특권과 함께 입법부의 독립·자주적 기능을 보호하고, 의원이 양심과 소신에 따라 자유롭게 의정 활동을 할 수 있도록 보장하기 위해 마련된 특별한 장치다. 이는 제헌헌법에서부터 인정된 권리로, 1962년 제5차 개헌 때 '직무상' 요건이 추가돼 현재에 이르고 있다. 불체포특권은 국회 본회의 표결에 부쳐 무력화할 수 있지만, 면책특권 제한 사유는 헌법에 규정돼 있지 않아 '절대적'이라고 볼 수 있다.

이에 따라 가짜뉴스인 '청담동 술자리 의혹'을 제기했던 김의겸 의원은 '불송치되고 말았다. 이건 옳지 않다. 내가 정치를 한다면 이런 국회의원의 특권부터 없애겠다.

A 김은경의 '노인폄하' 문제를 어떻게 보는가. 왜 민주당에서 유독 이런 문제가 자주 발생하는가.

Q 민주당 인사들의 노인폄하 발언은 김은경이 처음은 아니다. 2004년 3월 정동영 당시 의장은 한 언론 인터뷰에서 "60세 이상은 투표하지 않고 집에서 쉬어도 된다"며 "곧 무대에서 퇴장하실 분들"이라고 말해 노인층의 격한 반발을 샀다.

그해 유시민 당시 의원은 중앙대 특강에서 "비록 30·40대에 훌륭한 인격체였을지라도 20년이 지나면 뇌세포가 변해 전혀 다른 인격체가 된다"며 "제 개인적 원칙은 60대가 되면 가능한 책임있는 자리에 가지 않고, 65세부터는 절대 가지 않겠다는 것"이라고 말하였다.

천정배 당시 원내대표는 같은해 9월 방미 중 진보정당에 대한 교포 노년층의 시각을 언급하는 과정에서 '노인들은 곧 돌아가실 분이다'라고 말한 것으로 알려져 논란이 되었다.

그뿐만 아니라 2012년 제19대 총선을 앞둔 민주통합당 시절에는 김용민 당시 서울 노원갑 후보가 8년 전 인터넷 방송에서 한 "시청역 계단을 하나로 만들고 엘리베이터 다 없애면 (노인들은) 엄두가 나질 않아서 시청을 오지 않을 것" 발언이 논란이 돼 낙선으로 이어졌다.

조국 전 법무부 장관 역시 2011년 부모님이 투표를 못 하게 여행을 보내드렸다는 트위터 메시지에 "진짜 효자"라고 했다가 뭇매를 맞았다.

문재인 전 대통령도 "바꿔야 한다는 의지가 어르신들에게는 없는 거죠"라며 노임폄하 발언을 하였다.

이런 상황에서 김은경 위원장의 '노인 비하' 발언이 나온 것이다. 이쯤 되면 거의 습관적이라고 할 만하다.

노인을 공경하지 못하는 민주당은 총선에서 심판받아 마땅하다. 노인층 유권자가 계속 증가하는 상황에서 민주당의 이런 태도는 자승자박하는 꼴이다.

A 현직 제1야당 대표인 이재명의 '방탄' 문제를 개인의 권력욕 문제로 보고 다루는데, 걱정되지 않나. 거대한 제1야당의 힘이 여간 막강한 게 아니다.

Q 솔직히 걱정된다. 민주당이 힘으로 억압하면 내가 무슨 힘이 있어 그걸 막겠나. 선뜻 나서서 출판하겠다는 출판사를 찾는 것도 어려웠다. 출판금지 가처분 신청 같은 게 들어오면 책을 찍고도 내보낼 수 없는 상황이 올 수도 있다. 언론사에서 운영하는 시민일보 출판사가 아니었다면 이런 결정을 내릴 수도 없었을 것이다. 그러나 누군가는 진실을 말하여야 하는 거 아니겠는가.

A 정치 입문을 결심하게 된 특별한 동기가 있는가.

Q 평생을 자갈밭을 달려온 저 황병열은 포장도로에 올라 탄 적이 별로 없다. 이번 새로운 도전도 평탄하리라고 생각

하지 않는다. 그러나 온몸이 뒤틀리고 흔들릴수록 강해진, 그리고 더 현명해진 저의 인생 전반기를 봤을 때 이번 총선 도전은 '도전'이라기보다는 '발전'이요, '헌신의 기회'라고 생각한다.

문재인 정권의 실정과 폭주로 인해 국가 시스템이 무너진 국가적 위기 상황을 그나마 윤석열 정부가 들어서면서 수습해 나가고 있지만, 거야(巨野) 민주당은 그들만의 정치와 입법폭주로 사사건건 발목을 잡고 있다.

그런 모습을 보면서 이제는 국회에서 윤석열 정부의 개혁에 힘을 실어주어야겠다는 생각을 하게 되었다.

이러한 막중한 사명을 완수하는 데 제가 미력(微力)하나마 힘을 보태고자 한다.

정통 자유민주주의 시장경제 세력이 중심이 되어, 대한민국의 헌법적 가치와 정통성을 지키는 일에 헌신하는 것을 새로운 도전으로 삼고 뛰어들 생각이다.

어떠한 환경에도 적응하는 끈질긴 '잡초' 같은 감각을 국가와 국민을 위해 쓰임 받기를 원한다.

A 끝으로 하고 싶은 말은

Q 황병열은 지금까지 다양한 경험과 직장생활을 통하여 경제·사회적 현안 문제 해결과 새로운 산업을 창출할 역량을 품고 있으며, 아울러 국회, 중앙정부, 지방자치단체와의 협력(파트너십) 체제를 유연성 있게 유지할 수 있는 비즈니

스 마인드를 지니고 있다. 또 공적·사적 인연으로 맺어온 대학, 국책연구소, 각종 기업, 관공서, 군(軍)과의 유대관계를 꾸준히 유지해 왔다.

지금까지 성취해 온 새로운 시도와 성과들은 주위 사람들의 도움 없이는 불가능했던 일들이 많았는데, 평소 사람을 존중하는 태도와 긍정적 사고, 진취적 행동 양식, 타인을 돕고자 하는 친절과 배려, 행복한 웃음, 유머를 통한 즐거운 분위기 조성 등으로 만들어진 인적 네트워크는 깊이 있는 나눔의 결실이었다고 생각한다.

앞으로도 이러한 네트워킹은 지속할 것이고, 정치 입문을 통해 꽃을 피울 것이라고 믿는다. 독자 여러분의 응원을 기대한다.💬

"국민을 이기는
정치는 없다"

그들만의 정치
민주당
OUT